KB132005

마르틴 루터

중세라는 견고한 성벽을 흔든 위대한 개혁가 루터의 이 초상은 그를 열렬히 지지했던, 독일의 저명 화가 루카스 크라나흐가 1533년에 그린 것이다.

루터의 길

루터는 독일 전 지역에 그의 흔적을 남겼다. 오늘날 그곳에는 '루터의 길Lutherweg'이라는 표지판이 설치되어 있어 많은 사람들이 500년 전의 자취를 따라 다시 걷고 있다.

km
L

루터가 유폐되어 성서 번역에 몰두했던 바르트부르크성

교회의 무분별한 면벌부 판매를 문제 삼으며 비텐베르크성교회 문에 내걸었던 95개조 논제는 루터의 인생을 격랑 속으로 몰고 갔다. 결국 신성로마제국의 황제 앞에 소환되어 심문받기까지 했지만, 그는 끝내 자신의 생각을 철회하지 않았다. 제국 추방령을 받은 루터는 첩첩산중에 자리한 바르트부르크성에서 융커 외르크라는 가명으로 1521년 5월 4일부터 1522년 3월 3일까지 숨어 지냈다. 이때 그는 처절한 내적 투쟁을 하는 가운데 고대 그리스어로 된 신약성서를 독일어로 번역함으로써 유럽 역사의 새로운 획을 그었다.

1
루터의
생가와 사가
비텐베르크성교회
5
8
루터하우스
에르푸르트대학
아우구스티누스수도원
2
루터의 돌
4
3
오스트리아

루터의 생애와 사상 공간

루터의 활동 반경은 사실상 독일 전역에 걸쳐 있다. 심지어 그는 로마 여행까지 다녀왔다. 따라서 그의 자취를 따라가려면 선택과 집중이 필요하다. 이 책에서는 루터라는 한 개인이 어떻게 중세라는 견고한 벽을 허물고 근대적 개인의 탄생을 가능하게 했는지, 그의 주체적 자아 의식은 어떤 계기로 형성되었는지를 염두에 두고 그의 공간을 찾아간다. 이에 그가 태어나서 자라고, 수도사의 길로 들어서고, 개혁의 중심부에서 주도적 역할을 했던 독일 북동부권을 중심으로 여행할 것이다. 이 여정은, 독일을 넘어 유럽 문명을 뿌리부터 뒤흔든 한 최후의 중세인이 보여 준 삶을 통해 종교개혁의 진정한 의미를 되새기는 시간이 될 것이다.

❶ 루터의 생가와 사가 아이슬레벤

루터의 시작과 끝

아이슬레벤은 루터의 생가와 사가가 있는 곳이다. 생가와 사가는 500미터 남짓 떨어져 있다. 생가에는 그의 유년 시절을 알려 주는 물품으로 채워져 있다. 1689년 대화재로 건물 대부분이 소실되었으나 시가 재건하여 지금의 모습을 갖추었다. 사가 부근에 있는 안드레아스교회는 루터가 죽기 직전 마지막 설교를 한 곳이다.

❷ 에르푸르트대학 에르푸르트

완전한 성서와 처음 마주한 곳

루터는 에르푸르트대학 도서관에서 완전한 형태의 성서를 처음으로 마주했다. 당시 성서는 접하기 쉬운 것이 아니었다. 약 1000쪽이 넘어가는 양피지 위에 수십 개월 걸려서 필경사가 옮겨 적고 화려하게 치장한 성서의 가격은 일반 노동자가 10년간 주급을 모아야 살 수 있는 것이었다. 루터는 성서를 직접 접하면서 그의 '칭의론'과 '만인사제주의'의 근거를 찾게 되었다.

❸ 루터의 돌 슈토테른하임

수도사의 길을 걷기로 서원한 곳

에르푸르트대학에서 석사 과정을 마친 루터는 부모님이 있는 만스펠트를 방문했다가 돌아오는 길에 폭우를 동반한 천둥 번개를 만났다. 번쩍이는 섬광과 세상을 뒤흔드는 소리에 두려움에 떨며 그는 마리아의 어머니에게 이렇게 기도했다. "성 안나여, 나를 도우소서! 내가 수도사가 되겠나이다!" 이후 그는 에르푸르트로 돌아가 수도사의 길을 걷기 시작했다.

❹ 아우구스티누스수도원 에르푸르트

수도사로 지낸 곳

루터가 1505년에 입교해 1511년까지 수도사로 지낸 곳이다. 여기서 그는 신이 제시한 공의가 인간을 심판하기 위한 것이 아니라 구원을 위한 무한한 은총의 표현임을 깨달았다. 이른바 '수동적 의'를 깨달은 탑에서의 체험은 한 번이 아니라 단계적으로 이루어진 것으로 보이며, 95개 논제를 제시한 전후 성서를 연구하는 가운데 일어난 것으로 추정된다.

❺ 비텐베르크성교회 비텐베르크

종교개혁의 도시

루터는 요하네스 테첼이 "헌금함 안에 동전이 딸랑 떨어지는 순간 영혼이 연옥을 벗어난다"라는 말로 신자를 현혹하여 면벌부를 판매하고 있다는 소식을 들었다. 그는 이것이 신앙의 본질을 왜곡한다고 보고 이에 항거하는 95개 논제를 내걸었다. 식자층과 토론할 목적으로 작성한 이 반박문이 중세를 뒤흔든 사건이 될 줄은 루터도 알지 못했다.

❻ 루터나무 보름스

루터가 옳다는 것을 예언한 나무

95개 논제을 내건 뒤 황제가 소집한 보름스회의에서 루터는 자신의 의견을 밝혀야 했다. 황제는 루터가 자신의 입장을 철회해 줄 것을 기대했지만 루터는 굽히지 않았다. 당시 루터를 지지하던 이가 지팡이를 땅에 꽂으며 루터가 옳다면 지팡이에 싹이 돋을 것이라고 소리쳤다. '루터나무'로 불리는 이 나무는 500여 년이 흐른 오늘날까지도 그의 영향력을 말해 주고 있다.

❼ 바르트부르크성 아이제나흐

유폐되어 성서 번역에 매진한 곳

보름스회의 이후 결국 추방당한 루터가 목숨을 부지하기 위해서는 이곳에 유폐되는 것 외에는 다른 길이 없었다. 이 성은 루터가 악마의 환영과 싸웠다는 이야기가 예사롭게 들리지 않을 정도로 첩첩산중에 자리하고 있다. 그가 얼마나 큰 단절을 느꼈을지 조금은 이해할 수 있다. 이곳에서 머무는 10개월 동안 그는 고대 그리스어로 된 신약성서를 독일어로 번역했다.

❽ 루터의 집 비텐베르크

사상이 무르익은 곳이자 생활의 본거지

루터가 카타리나 폰 보라와 결혼해서 살던 집으로, 현재는 박물관으로 운영되고 있다. 원래는 수도원 건물이었으나 선제후 프리드리히 3세가 루터에게 제공한 것이다. 루터는 제자와 지인을 이곳으로 불러들여 숙식을 제공하면서까지 종교개혁운동에 매진했다. 루터가 탁상 담화를 했던 방과 등 종교개혁과 관련한 전시물을 한눈에 볼 수 있다.

일러두기

— 단행본은 겹낫표(『 』)로, 책의 일부나 단편소설 등은 홑낫표(「 」)로, 신문이나 잡지는 겹화살괄호(《 》)로, 미술, 음악 등의 작품명은 홑화살괄호(〈 〉)로 표기했다.
— 외래어 표기는 국립국어원 외래어표기법을 따랐으나, 관습적으로 굳은 표기는 그대로 허용했다.

클래식 클라우드 | 026

루터

×

이길용

근대의 문을 연 최후의 중세인

arte

루터의 성서

루터가 독일어로 번역한 신약성서는 1522년에 처음 나왔다. 『9월 성서』라 부르는 이것은 초판이 수주 만에 팔려 나갈 정도로 큰 성공을 거두었다. 신구약 합본은 12년 뒤인 1534년에 완역되었다. 사실 루터의 번역 이전에도 독일어 성서 번역이 있었지만, 루터가 한 것만큼 큰 호응을 얻지는 못했다. 루터의 성서가 성공한 배경에는 시장통 사람도 이해할 수 있어야 한다는 그만의 소통 철학이 있었다. 그는 "백성들의 입을 보고자 노력했다"라고 했다.

CONTENTS

PROLOGUE

인간, 신과 단독으로 만나다

마르틴 루터. 사람들은 그를 어떻게 기억할까? 여전히 유럽의 변방에 머물러 있던 15세기 독일의 작은 도시 비텐베르크에 새롭게 설립된 대학의 교수였던 그는 후에 유럽 전반을 뒤흔드는 개혁의 중심에 섰다. 물론 그가 이 모든 일을 처음부터 의도하거나 계획하지는 않았다. 그는 단지 솔직하고 담담하게 자신의 이야기를 동시대에 전했을 뿐이지만, 시대의 요청이 그를 개혁의 아이콘으로 만든 것이다.

루터의 개혁은 종교에만 한정되지 않는다. 그가 의도한 개혁은 직제와 조직을 겨냥한 것이 아니었다. 그는 당시 가톨릭교회가 독점하고 있는 신앙에 대한 해석을 바꾸기를 원했다. 그의 시도는 전 유럽을 강타했던 페스트와 인쇄술의 발전에 힘입어 유럽 사회 전반을 바꾸어 버리는 교두보가 되었다. 페스트와 인쇄술의 확산이 없었다면 그의 개혁도 불가능했을 것이다. 물론 여기에 루터라는, 중세인답지 않은 치밀하고 성실했던 한 개아적個我的 개인의 열정도 촉매제 역할을 했다. 페스트가 드리운 죽음의 그림자가 그를 압박했고, 그는 불안 속에서 몸부림치며 신의 은총에 의지한 자신의 구원을 희구했다. 그의 갈증은 원어 성서를 읽음으로써 해갈되었다. 그는 자신의 깨달음을 요하네스 구텐베르크의 활자에 담아 유럽 전역으로 확산시켰다. 이렇게 해서 전개된 그의 신앙 개혁은 유럽 문화와 사회를 뿌리부터 흔들어 바꾸었으니, 이로써 그는 근대를 여는 최후의 중세인이 되었다.

그러니 지난 1000년 동안 세계를 빛낸 위인 목록에서 루터는 늘 상위권에 있었다. 미국의 역사 다큐멘터리 전문 채널인 히스토리 채널의 〈1000년을 빛낸 세계의 100인〉이라는 특별 방송에서 루터는 당당히 3위에 올랐다. 히스토리 채널은 이 종교개혁의 영웅을 선정한 이유를 이렇게 밝혔다. "그는 인간이 직접 신을 만날 수 있도록 해 주었다."

이 말은 종교개혁의 모토이기도 하다. 루터가 그토록 힘주어 외쳤던 '오직 성서sola scriptura', '오직 믿음sola fide', '오직 은총sola gratia'의 정신이 바로 이 한 문장 안에 모두 들어 있다. 루터는 신앙을 신과 인간 사이의 문제로 보았다. 이때 인간은 집단이 아닌 '단독자'다.

루터는 이른바 구원을 위해서는 교회나 직제 같은, 신과 인간을 잇는 '매개적 존재'가 필요 없다고 힘주어 말했다. 이것은 '그리스도교 보편 국가'를 이루고 있던 중세 유럽에서는 매우 파격적이고 충격적이며 위험하기까지 한 주장이었다. 왜냐하면 그리스도교가 사회와 문화의 표준이 되었던 중세에 어떤 이도 교회를 빼놓고 신앙을 논할 수는 없었기 때문이다. 그들은 교회야말로 신의 은총을 대리할 수 있는 지상의 유일한 조직이라 굳게 믿고 있었다. 교회는 일곱 가지 거룩한 의식*을 통하여 신의 은총을 대리할 수 있다고 주장했는데, 이를 시행하는 전문인으로서 '사제'라는 직제가 반드시 필요했다. 그러나 루터는 그런 중간적 조직이나 직제는 성가신 것일 뿐이고, 그러한 매개 없이도 신앙이 가능하다고 주장했으니 당시로서는 얼마나 큰 파격이었을까!

루터가 살던 시대의 사람은 단독으로 신을 만날 수 없었다. 아니 만날 수 없다고 믿고 있었고, 그렇게 교육받았다. 신이 내리는 안온한 은총을 맛보기 위해서는 반드시 교회라는 조직과 사제라는 직제가 필수적이었다. 따라서 중세인은 신의 은총을 만나기 위해서 예배당에 나와 정례적으로 사제가 집례하는 일곱 가지 성사에 참여해야만 했다. 어찌 보면 이는 집단주의적 사유와 위계적 문화로 가득한 중세에 적합한 신앙 체계였다고 할 수 있겠다. 그런데 '오직'을 외치며 등장한 루터는 신과 인간 사이를 가로막을 어떤 장애물도 있을 수 없다고 선언했다. 설사 교회 혹은 사제라도 간절히 구원을 원하며 신 앞에 홀로 서려는 인간의 열정을 막아서는 안 된다는 것이다.

루터 스스로 의도한 것이었는지는 모르겠지만 결국 그의 고백은

* '칠성사七聖事'라고 불리는 이것은 세례성사, 견진성사, 성체성사, 고해성사, 혼인성사, 병자성사, 성품성사로 구성된다. 1439년, 피렌체 공의회를 통해 확정되었다.

종교개혁의 도화선이 된 95개 논제

1517년 10월 31일, 루터는 면죄부에 대한 학문적인 토론을 제안하기 위해 비텐베르크성교회 문에 95개 논제를 내걸었다. 여기서 그는 죄로 인해 받게 될 형벌을 용서할 수 있는 권한은 오직 신에게만 있을 뿐이며, 지상의 어떤 존재도 그것을 대신할 수 없다고 분명하게 주장했다. 즉 신앙이란 오직 신과 자신과의 문제임을 천명한 것이다. 이는 곧 근대적 개인의 탄생을 알리는 신호탄이기도 했다. 성교회 문은 원래 목조였으나 화재로 소실된 뒤 청동으로 제작되었고, 그 위에 95개 논제가 새겨졌다.

A·DOM·MDXVII
LXXXXV
SIGNIS EXORNAVIT
A·DOM·MDCCCLVII

세상을 바꾸었다. 아직 분명하고 견고한 '주체적 자아'가 세상에 본격적으로 등장하기 전이었지만, 미치도록 구원을 갈망한 한 수도사의 거친 실존적 저항이 결국 중세의 '집단'을 일깨워서 근대의 '개인'을 부르는 길을 열었던 것이다! 이는 단순히 종교의 영역에만 머물지 않고 인간사의 다른 영역으로 널리 퍼져 나갔다.

독일에서 루터가 차지하는 의미는 각별하다. 독일어 성서, 독일어 회중 찬송, 독일어 설교, 독일어 성례전 등 '독일다운' 많은 것들이 루터를 통해 이루어졌기 때문이다. 물론 루터의 본래 의도는 더 많은 이들에게 그리스도교의 핵심을 전달하고 교육하기 위한 것이었다. 그러나 결과적으로 이 같은 루터의 작업은 그때까지 제대로 대접받지 못하고 있던 독일어를 공공의 영역으로 끌어와 문자화함으로써 독일 민족의 정체성 확립을 위한 구심 역할을 제대로 해내도록 했다. 그래서 독일 내 민족주의적 구호가 필요할 때마다 그의 이름은 어김없이 등장한다.

이처럼 적어도 독일과 유럽 내에서 루터의 영향은 종교의 영역에만 한정되지 않는다. 그래서 그가 펼친 운동을 가리킬 때도 '종교개혁'이 아니라 그냥 '개혁'이라고 부른다. 종교개혁을 지칭할 때 독일어로는 '레포르마치온Reformation', 영어로는 '리포메이션Reformation'이라 한다. 오래도록 루터의 종교개혁은 이렇게 불려 오다가 최근에 그 의미를 더 분명히 드러내기 위해 '개신교 혁명'이라고 지칭하기도 한다.

루터가 개혁의 기치를 높이 들게 만든 결정적 장면은 무엇일까? 많은 사람들이 1517년 10월 31일, 비텐베르크성교회 앞에 선 루터를 떠올릴 것이다. 그날 그는 면벌부*에 항거하는 95개 논제를 게시했다고 알려졌다.

혹은 이른바 '탑에서 한 체험'을 꼽을 수 있을까? 루터가 오직 믿음으로만 의로워진다는 '칭의론'을 완성하고 가톨릭이 말하는 '영광의 신학'을 대신하여 '십자가의 신학'을 정립한, 첨탑 작은 방에서의 체험은 충분히 그의 개혁을 상징하는 역사적 사건임이 분명하다. 그러나 아쉽게도 언제, 어느 때, 어떻게 그가 탑의 작은 방에서 무엇을 했는지 특정하기가 어렵다. 루터가 탑에서 한 체험은 지속적 수련 가운데 이루어진 인격적, 신앙적 결실이기 때문이다.

그렇다면 슈토테른하임에서 만난 천둥과 벼락 사건일까? 그것도 아니라면 성마리아돔에서 사제 서품을 받은 직후 행한 미사에서 맛본 전율일까? 아우구스티누스수도회의 수사 자격으로 로마를 여행한 일도 빼놓을 수 없는 경험일 것이다. 성자의 도시인 줄 알았던 로마가 타락한 세속 도시였음을 확인하는 순간 그가 받았을 충격은 상상 이상이었으리라. 그러고 보니 루터의 인생에는 적지 않은 결정적 장면이 있다.

그러나 아무리 이런저런 장면과 이유를 들더라도 루터가 어떤 인물인지 확정 짓기에는 어딘지 아쉽고 부족하다. 우리가 알고 있는 루터는 순간마다 신의 은총을 기원하고 구원을 갈망한 약하디약한

* '면벌부'는 라틴어로 'Indulgentia'라 하는데 '은혜', '관대한 용서'를 뜻한다. 보통 '면죄부'로 많이 알려져 있지만 이는 오역이다. 용서해 주는 것은 '죄'가 아니라 '벌'이기 때문이다. 하지만 그렇다고 완벽한 오역이라고 할 수도 없는 것이 갈수록 면벌부는 지은 죄에 대한 용서의 효능까지 있는 것으로 선전되고, 또 그렇게 믿어지기도 했기 때문이다. 하지만 여기에서는 본래 의미인 면벌부로 통일해서 부르기로 한다.

불안한 존재였다. 그렇다면 그의 불안은 어디에서 왔을까? 그것은 당연히 죽음이었다. 그는 어린 시절부터 죽음을 가까이에서 보면서 살아갈 수밖에 없었다.

우선 한 세기 전 유럽을 휩쓸고 간 페스트의 영향을 꼽을 수 있다. 루터는 자신의 형제마저 이 병으로 잃지 않았는가. 당시 유럽 인구의 3분의 1을 죽음으로 몰고 간 이 전염병의 위력에 어린 루터가 어찌 떨지 않을 수 있었겠는가. 그는 수시로 죽음을 의식하지 않을 수 없었다. 죽음이 일상이던 시절, 불식간에 자신도 전염병의 희생자가 될 수 있다는 생각이 어린 그의 심장을 계속 누르고 있었을 것이다. 그럴수록 그는 더 죽음으로부터 도망치려 했고, 결국 죽음 위에 우뚝 서 있는 절대자를 통해 절망과 불안의 구렁텅이에서 벗어나고자 했다.

이처럼 페스트는 루터의 종교개혁에도 결정적 영향을 주었다. 그가 개혁의 기치를 들게 된 직접적 원인이 된 당시 교회의 부패와 타락에도 페스트의 영향은 지대했다. 왜냐하면 전염병으로 쓰러지는 이들에서 사제들도 예외일 수 없었기 때문이다. 환자들을 위로하고 죽은 이들을 장사 지내는 데 언제나 중심에 서야 했던 직업의 특성상 사제들은 페스트로 인해 가장 많이 희생된 이들이기도 했다. 이 때문에 사제 없는 성당이 속출했고, 이에 졸속으로 신부를 양산하다 보니 자연스레 사제 계급의 질적 하락과 교회의 부패가 만연했다. 루터는 그렇게 자격 없는 사제들에 의해 자행되던 왜곡된 신의 은총을 제대로 해석하여 전달하기를 원했고, 그것이 종교개혁의 시작이었다.

루터의 종교개혁을 추동한 또 다른 힘은 구텐베르크의 금속활자 인쇄술이다. 이것이야말로 루터의 개혁에 날개를 달아 주었다. 제아무리 루터라도 인쇄술의 도움이 없었다면 그처럼 빠른 속도로 유럽이 종교개혁 정신에 동조하기 어려웠을 것이다. 구텐베르크의 인쇄술은 크게 두 가지 면에서 이전과는 다른 미디어 환경을 구축했다. 바로 빨라진 출간 속도와 크게 떨어진 책값이었다. 이는 루터의 개혁 정신이 빠르게 유럽 전 지역으로 퍼져 가는 데 결정적 도움이 되었다. 결국 종교개혁은 페스트와 활자 인쇄술이 종교적 구원의 열망으로 가득한 루터라는 수도사를 만남으로써 꽃을 피운 역사적 사건으로 보아야 한다.

이제 우리는 루터의 삶과 고민을 살필 수 있는 곳을 따라 여행할 것이다. 무엇보다 루터라는 한 개인이 어떻게 오래도록 유지되어 오던 견고한 중세라는 성벽을 허물고 새로운 시대를 여는 촉매가 되었는지 살펴볼 것이다. 집단으로 채워진 중세 의식을 허무는 데 필요했던 것은 바로 '주체적 자아 의식'이었다. 따라서 우리의 기행은 루터가 어떤 계기를 통해 주체적 자아를 찾고 확신하게 되었는지에 주목할 것이다. 이를 위해 루터의 삶에 커다란 전기를 가져온 여러 체험을 추적할 것이다.

루터의 길을 더듬어 갈 때 필요한 것은 선택과 집중이다. 왜냐하면 그의 활동 반경이 상당하기 때문이다. 그는 독일 전 지역에 그의 흔적을 남겼다. 심지어 로마 여행까지 다녀왔기 때문에 그 흔적을 하나하나 샅샅이 훑겠다는 욕심은 적정선에서 정리할 필요가 있다.

루터를 상징하는 장미 문장

루터와 관련된 곳에 가면 어김없이 장미 문장紋章을 발견할 수 있다. 본래 하늘색을 배경으로 붉은 심장과 그 안에 검은 십자가를 새겨 넣은 하얀 장미로 디자인되었다. 가운데의 십자가는 "오직 십자가만이 우리의 신학이다"라고 한 루터 사상의 핵심을 가리킨다. 루터는 이 문장을 서신을 쓸 때도 인장으로 사용했다.

이에 추천하고 싶은 루트는 그가 태어나고, 자라고, 개혁의 중심부에서 주도적 역할을 했던 독일 북동부권이다. 대략 일주일 정도가 걸리는 여정이다.

루터의 길을 따를 때 또 하나 신경 써야 할 것은 교통편이다. 독일은 다른 유럽 국가들보다 대중교통 편이 잘 발달해 있기는 하지만, 문제는 루터의 유적지가 대부분 동독 지역에 있다는 점이다. 1990년 독일이 재통일하기 이전까지 사회주의 체제였던 동독은 서독에 비해 사회 기초 기반이 제대로 구축되어 있지 못한 편이다. 그래서 내가 제안하는 '루터 로드'는 프랑크푸르트공항에서 자동차를 빌려 떠나는 것이다. 일주일 정도의 여정을 생각한다면 대강의 루트는 다음과 같다. 프랑크푸르트(1박) → 아이제나흐 → 바르트부르크 → 에르푸르트(1박) → 아이슬레벤 → 만스펠트 → 비텐베르크 → 라이프치히(2박) → 할레 → 마그데부르크 → 마르부르크(1박) → 마인츠, 보름스(1박) → 프랑크푸르트공항.

대략 이 정도면 루터의 유적지와 그가 남긴 삶의 의미를 어느 정도는 맛볼 수 있지 않을까 싶다. 위 여정에 2~3일을 더 보탤 수 있다면 라이프치히에서 포츠담이나 베를린, 드레스덴까지 살필 수 있을 것이다. 그렇게 되면 독일 북동부 지역의 대표적 명소를 모두 살펴보는 셈이 된다. 아무튼 이렇게 여행을 계획한다면 루터와 독일의 정취를 그런대로 음미할 수 있을 것이다.

01

MARTIN LUTHER

중세의 끝에서

내가 어머니의 품에 안겨 젖을 먹을 때는 앞으로 커서 어떻게 먹고살 것인지 전혀 개념이 없었습니다. 마찬가지로 이 땅에 사는 동안 우리는 장차 올 세상에 대해 개념이 없습니다. 멸망당한 자들이 이를 가는 것은, 신께 영원히 버림을 받은 줄 알게 된 악한 양심이 겪는 고통, 즉 절망의 표현입니다.

— 마르틴 루터, 『루터의 탁상 담화』 중

루터의 시작과 마지막

루터는 독일 작센안할트주에 있는 아이슬레벤에서 시작과 최후를 맞이했다. 그래서 생가와 사가가 모두 이 도시에 있다. 그러나 정작 그가 아이슬레벤에 머문 기간은 5개월 남짓에 불과하다. 그가 태어난 지 얼마 되지 않았을 때 부모가 생업을 위해 이웃 도시인 만스펠트로 이사했기 때문이다. 루터는 만스펠트에서 14년을 살았다. 그런데도 그가 삶을 마친 곳도 아이슬레벤이다. 그것은 우연한 사건의 결과였다. 당시 그는 비텐베르크에 살고 있었지만, 만스펠트 지역 백작 형제의 갈등을 중재하는 일로 아이슬레벤에 갔다가 몸이 급작스레 나빠져 사망에 이르고 만 것이다. 일종의 객사인 셈이다. 이후 그의 시신은 가족이 있는 비텐베르크로 옮겨져 성교회에 안치되었다.

아이슬레벤에는 루터가 세례를 받은 베드로바울로교회가 있고, 그가 죽기 직전 마지막 설교를 한 안드레아스교회도 있으니 루터의 도시라 불릴 만한 충분한 자격이 있다. 그의 생가와 사가는 독일 통일 이후 좀 더 확장되고 잘 단장되어 있었다.

동행과 어울려 잠시 정겨운 대화를 하다 보면 어느새 도착해 있을 만큼 루터의 생가와 사가의 거리는 그리 멀지 않다. 공영 주차장에 차를 세우고 가까운 사가를 관람한 뒤 걸어서 대략 5~6분 정도면 충분하다. 고풍스러운 옛 도시의 돌길을 따라 위인의 어린 시절을 그려 보는 일도 여행의 묘미라 하겠다.

루터의 사가 부근에는 안드레아스교회가 자리하고 있다. 루터는 이 교회에서 1546년 1월 31일에서 2월 15일까지 총 네 번의 마지막 설교를 했다고 한다. 루터의 시신을 비텐베르크로 옮기기 전 잠시 머물렀던 곳도 이 교회다.

안드레아스교회를 지나 잠시 돌로 꾸며진 한적한 중세 유럽풍의 거리를 걸어 내려가면 루터의 생가가 눈에 들어온다. 나는 20여 년 전에 함께 유학 중이던 선배들과 함께 이 생가를 찾은 적이 있다. 당시에는 크지 않은 집 2층에 전시물도 구색만 갖추어 놓은 정도였다. 그런데 20년 후에 다시 방문해 보니 그때와는 비교할 수 없을 정도로 커진 규모에 입장료도 만만치 않게 뛰어 있었다. 물론 지금의 생가와 사가는 입장료가 아깝지 않을 정도로 다양한 볼거리와 루터에 관한 유물이 풍부하게 전시되어 있다. 웅장해진 두 곳을 보며 통일 독일 이후 루터가 독일 민족정신의 아버지로 당당히 대접받고 있다는 것을 느낄 수 있었다. 그러고 보니 간간이 눈에 띄는 관광객 대부분도 독일인이었다. 그들의 관점에서 루터는 독일 정신, 독일어, 독일 민족의 토대를 쌓은 선각자요 개척자다. 신 앞에 솔직한 단독자

아이슬레벤에 있는 루터의 생가

루터는 1483년 11월 10일에 아버지 한스 루더와 어머니 마르가레테 린데만 사이에서 장남으로 태어났다. 이듬해 부모가 생업을 위해 이웃 도시인 만스펠트로 옮겨 갔기 때문에 루터도 유년 시절의 대부분을 그곳에서 보냈지만, 아이슬레벤은 그가 태어난 곳일 뿐만 아니라 사망한 곳이기도 하다. 루터의 생가는 종교개혁 300주년이던 1817년에 박물관으로 단장되어 지금까지 운영되어 오고 있다. 생가 입구에는 다음과 같은 말이 적혀 있다. "루터의 가르침은 하느님의 말씀이며, 따라서 그 가르침은 결코 사라지지 않을 것이다."

로 살기 원했던 한 남자가 독일의 고유한 민족정신의 기초를 놓았다는 것이 아이러니하기는 하지만, 그가 독일이라는 국가와 민족에 끼친 영향은 아무리 강조해도 모자라지 않을 것이다.

내가 방문했을 때는 여름철이어서인지 행인도 적었고 그만큼 한적해서 정말 중세의 한 마을에 온 것 같은 느낌이 들 정도였다. 지붕이 붉은색으로 치장된 루터의 생가는 지금은 박물관으로 꾸며져 있다. 안에는 그의 유년 시절 시대상을 짐작할 수 있는 물품으로 가득 채워져 있다. 전시된 유품 중 눈에 띄는 것은 1518년경에 제작된 것으로 알려진 '세례반'이다. 루터 역시 이와 비슷하게 생긴 세례반에서 영세를 받았을 것이다.

루터의 생가와 사가를 방문했다면 다음 차례는 그의 어린 시절을 품고 있는 만스펠트다. 아이슬레벤에서 만스펠트까지는 대략 30킬로미터로, 차로는 30분 정도 걸린다. 루터가 살던 당시 만스펠트에는 광산업이 성행했고, 루터의 아버지 역시 이 사업에 몸담고 있었다. 루터는 일곱 살에 이곳의 라틴어학교에 입학했다. 만스펠트에는 루터의 부모 집을 개조해서 만든 박물관이 있다. 거기에는 루터의 어린 시절을 더듬어 볼 수 있는 많은 유품이 전시되어 있다. 주로 광산 도시였던 만스펠트의 면모를 살펴볼 수 있는 것들이다. 박물관은 루터 부모의 옛 집에 현대식 시멘트 건물을 이어서 제법 규모를 갖춘 공간으로 꾸며져 있다.

아이슬레벤과 만스펠트. 루터가 어린 시절을 보낸 이 두 마을은 예나 지금이나 그리 크지 않다. 지금도 한적한 독일의 시골 마을에서 역사를 바꾼 사나이 루터는 어떤 삶을 살았을까? 루터는 종종 자

루터가 어린 시절을 보낸 만스펠트

아이슬레벤에서 북쪽으로 차로 30분 거리에 있는 만스펠트는 루터가 살던 당시 구리 채굴과 제련이 활발하게 이루어지는 광산 마을이었다. 루터의 아버지는 농사를 짓다가 광산업으로 업종을 바꾸면서 나름 넉넉한 생활을 꾸려 갔다. 루터는 태어난 지 얼마 되지 않았을 때 부모를 따라 이곳으로 와서 열세 살까지 살았다. 이곳에는 루터의 부모 집을 비롯하여, 루터가 합창단원으로 활동하면서 음악적 감수성을 키운 게오르크시립교회, 읽기와 쓰기와 산수 등 기초 교육을 받았던 루터학교(현재 여행안내소)가 있다.

신을 '가난한 광부의 아들'이라 칭했다. 그가 광부의 아들인 것은 맞기는 하지만 그렇다고 가난했던 것은 아니다. 따라서 이는 일종의 겸양의 표현이라 보아야 할 것이다.

'루더'에서 '루터'로

루터는 1473년 11월 10일 아이슬레벤에서 태어났고, 당시 그의 집안은 그 시대 민중 대부분이 그러하듯이 농사를 짓고 있었다. 하지만 루터의 부친 한스 루더는 결혼 후 광산업으로 직업을 바꾸게 된다. 그렇게 된 이유는 마침 인근 지역인 만스펠트에서 거대한 양의 구리가 발견되었기 때문이다. 유복한 농부 집안 출신이었던 루터의 아버지는 구리 채굴 사업으로 쏠쏠한 수익을 올리며 나름 유복한 살림을 꾸릴 수 있었다.

여기서 잠시 아버지의 성이 '루더'인 것에 주목해 보자. 왜 아버지와 아들의 성이 다른 것일까? 여기에는 나름대로 이유가 있는데, 가장 근사한 설명은 당시 구어 중심 문화 때문에 생겨난 일이라는 것이다. 당시 서민들은 대부분 글자를 읽거나 쓰지 못했다. 그러다 보니 자신의 이름을 글자보다는 대부분 소리로 알고 있었다. 그러니 그저 들리는 대로, 알아듣는 대로 불편하지 않다면 어떤 발음이든지 크게 문제가 되지 않았다. 따라서 그것이 루더가 되었든, 루디가 되었든, 뢰더가 되었든 부르는 자와 불리는 이가 알아듣기만 하면 큰 문제가 없었다.

하지만 루터 시대에 이르러 환경이 바뀌었다. 아니 정확히 지적하자면 시대보다는 루터가 문제였다. 왜냐하면 그는 당시 독일어 출판물의 3분의 1을 홀로 생산해 내던 왕성하고도 저명한 작가였기 때문이다. 예나 지금이나 작가에게는 헛갈리지 않을 확정된 이름이 '문자'로 필요하다. 따라서 루터는 자기 가문의 성을 확정해야 할 필요가 있었다.

이미 박사요 교수로서 상당한 정도의 지식과 정보를 갖춘 루터는 새롭게 확정해야 할 자신의 성에 무언가 특별한 의미를 부여하고 싶었을 것이다. 역사가들은 루터가 한때 그리스어로 자기를 지칭하는 별칭을 만든 적이 있었다는 것에 주목한다. 그 이름은 바로 '자유인' 혹은 '자유롭게 된 자'를 뜻하는 '엘레우테리오스Eleutherios'였다. 루터는 이 말의 앞뒤를 자르고 가운데 글자인 'Luther'에서 자신의 성을 가져왔을 것이다. 더군다나 새로운 이름이 지닌 자유인이라는 뜻은 아버지가 사용했던 루더보다 훨씬 근사하게 들렸을 것이다. 왜냐하면 루더는 고대 독일어로 '사냥꾼'을 뜻했기 때문이다. 사냥꾼보다는 자유인이라는 이미지가 루터에게 더욱 그럴듯해 보였으리라.

루터는 성 마르탱의 축일인 11월 11일에 세례를 받고 마르틴이라는 이름을 얻었다. 그는 어린 시절 부모와 함께 만스펠트로 옮겨가 일곱 살 때 라틴어학교에 입학했고, 에르푸르트대학에 입학하기까지 총 14년을 그곳에서 살았다. 교육의 기회가 보편적이지 않던 당시 어린 나이에 라틴어학교를 다닌 것으로 보아 그의 집안은 '가난한 광부'보다는 넉넉했음을 짐작할 수 있다.

만스펠트에 있는 루터의 부모 집

루터의 부모 집은 현재 박물관으로 개조되어 운영되고 있다. 이곳에서는 루터의 어린 시절뿐만 아니라 가족의 일상과 광산 도시였던 만스펠트의 면모를 두루 살펴볼 수 있다. 루터가 전하는 바에 따르면 그의 부모는 자상한 자식 교육과는 거리가 멀었으며, 매우 엄격하고 매몰찼다고 한다. 그러나 이런 방식의 훈육은 당시 매우 흔한 풍경이었다.

루터의 자전적 고백에 따르면 그의 부모는 매우 엄격하게 그를 대했다. 아버지나 어머니 모두 잘못에 대해서는 바로 체벌을 가했고, 때로는 심한 매질도 마다하지 않았다. 그 시절에 대해 루터는 다음과 같이 회상했다.

> 부모님은 나를 엄격하게 키웠기 때문에 나는 때때로 매우 무서웠습니다. 어머니는 내가 몰래 호두를 먹었다는 이유로 피가 날 때까지 매질했습니다. 이 고집스러운 훈육 때문에 부모님은 나를 결국 수도원에 보냈습니다. 물론 좋은 의도로 그렇게 하셨겠지만 나는 무서웠습니다. 부모님은 어떤 이를 어떻게 훈련하고 훈육해야 하는지 그의 성격과 행동의 적당한 관계를 잘 몰랐던 것입니다. 당신은 반드시 회초리 옆에 사과를 두고 자녀를 혼내야 합니다.
>
> — 마르틴 루터, 『마르틴 루터 박사 전집: 비평적 총서 53』, 221쪽

이 인용문 외에도 루터의 여러 글에서 어린 시절 엄격하고 매몰찬 부모의 체벌에 불안해했던 정서를 확인할 수 있다. 하지만 많은 연구가들은 이러한 부모의 엄격한 교육은 루터 집안만의 특징이라기보다는 당시 매우 흔한 가정집 풍경이었다고 지적한다. 루터가 부모의 죽음에 진심으로 슬퍼했던 것 등을 미루어 보아 어린 시절의 엄격한 훈육이 그의 성격 이상으로 귀결되었다고 보기는 어렵다. 간혹 감상적 추억에 부모의 모습을 이렇게 혹은 저렇게 묘사할 수는 있겠지만, 루터는 매우 평범한 일반 가정의 아이로서 성장했을 것이다.

그렇다면 성인이 되어서도 종종 보이는 루터의 종교적 불안감의 연원은 어디에서 찾아야 할까? 그가 남긴 여러 글에서 우리는 끊임없이 종교적 구원을 갈구하고 신을 두려워하고 죽음이 무서워 떨고 있는 한 사내를 발견할 수 있는데, 그 모든 두려움은 어디에서 온 것일까? 이는 루터가 살았던 시대를 고려한다면 그리 어렵지 않게 이해할 수 있다. 루터, 그는 유럽 중세 끝 무렵의 사람이다. 그 시절은 불안과 두려움과 죽음으로 대표된다. 당시 유럽인은 전쟁과 페스트, 사회적 혼란을 온몸으로 겪어내고 있었기 때문이다.

죽음의 춤

루터가 살던 중세 유럽은 죽음의 시대였다. 곳곳에 죽음의 그림자가 사람들의 생활 속으로 파고들면서 불안을 더욱 키우던 시절이었다. 이는 당시 유행하던 〈죽음의 춤〉이라는 장르화를 보는 것만으로 단번에 눈치챌 수 있다. 이 그림에는 해골들이 넘쳐난다. 게다가 그 해골들은 조용히 중력의 법칙에 따라 땅 위에 놓여 있거나, 무덤 속에 묻혀 있는 것이 아니다. 그것들은 마치 살아 있는 듯 피부와 근육 하나 없는 얼굴로도 다양한 표정을 지어 가며 기분 좋게 춤에 몰두하고 있다.

루터 역시 에르푸르트대학에 다니던 시절에 이 그림을 보고 큰 충격을 받았음을 고백한 바 있다. 그림 속 해골들이 전해 주는 심각한 메시지에 루터는 오래도록 죽음, 죄책, 신, 심판 등에 대한 생각에 매여 있었다고 한다. 몇몇 그림에는 해골들 옆에 다양한 신분의 사람이 함께 그려져 있기도 했다. 마치 죽은 자와 산 자가 함께하는 세상을 표현하는 듯, 아니면 어차피 인간은 제아무리 높은 신분이라도 때가 되면 다 백골이 된다는 것을 일깨우기라도 하는 듯 그림 속에는 교황, 황제, 영주, 노인, 아이가 열심히 해골과 함께 춤을 추고 있다.

〈죽음의 춤〉은 그림으로만 끝나지 않았다. 정말 사람들은 죽음을 기꺼이 맞이하려는 듯 묘지 주변에 모여 신들린 듯 그림 속 춤을 직접 추기도 했다. 이러한 춤추기는 14세기 프랑스를 중심으로 퍼져 가기 시작했고, 페스트라는 치명적 전염병이 지나간 뒤에는 유럽 각지로 빠르게 전파되었다. 어쩌면 당시 유럽인은 이러한 그림을 그리고 춤을 추면서 잠시라도 죽음의 무서움을 잊고 싶었을 것이다. 지금은 그때의 절절한 사정은 뒤로 숨었고 그 형식과 구조만 남아 프랑스의 작곡가 카미유 생상스의 교향시로, 김연아 선수의 유명한 쇼트 프로그램 배경 음악으로 기억되고 있다.

중세의 끝을 지키던 이들에게 〈죽음의 춤〉은 생생한 현실이고 절절한 삶이었다. 하루하루를 버티고 견뎌 내는 것이 그들의 가장 큰 과제이자 목표이자 소원이었다. 오죽하면 그들은 죽음을 잊기 위해 무덤을 찾아가 망아의 상태가 될 때까지 춤을 추었을까? 오죽하면 그런 그들의 동작을 백골로 대치하여 죽음을 친숙한 이웃으로 만들어 버렸을까?

무엇이 중세 유럽을 이처럼 어둡게 만든 것일까? 중세 유럽을 죽음으로 몰아넣은 괴물, 그 이름은 바로 페스트였다. 쥐벼룩 등에 의

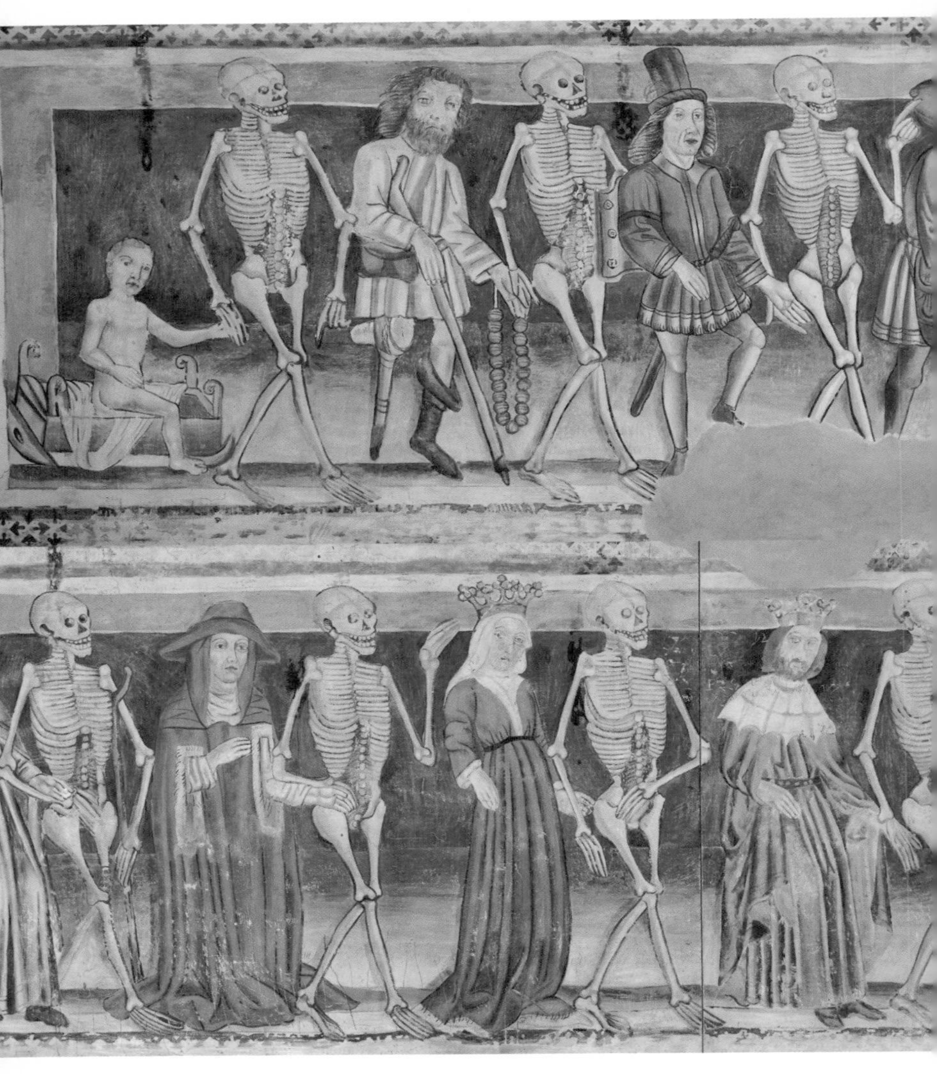

죽음의 춤

중세 말기 유럽 인구의 3분의 1을 앗아 간 페스트는 사람들을 수시로 죽음에 대한 공포에 시달리게 했다. 루터도 형제를 페스트로 잃은 터였다. 이렇게 죽음이 일상이던 시절, 사람들은 묘지 주변에 모여 신들린 듯 춤을 추며 삶의 힘겨움과 죽음의 무서움을 잊으려 했다. 〈죽음의 춤〉은 당시 유행하던 그림으로, 해골들이 마치 살아 있는 듯 다양한 표정을 지으며 산 자들 사이에서 춤추고 있다.

해 옮겨지는 급성 전염병인 페스트는 유럽에서는 14세기 처음 발발했고, 1340년대에 대략 2500만 명의 유럽인을 죽음으로 몰고 갔다. 당시 유럽 인구가 7500만 명 정도였다고 하니 그중 3분의 1이 이 병으로 죽어 간 셈이다. 이 병이 무서웠던 것은 그 이전에는 전혀 경험해 보지 못한 것이기 때문이다. 갑자기 들이닥친 이 죽음의 그림자를 당시 유럽인은 어떻게 받아들였을까? 정작 이 병이 페스트라는 이름의 균 때문이라는 사실이 분명하게 알려지게 된 것은 무려 500년 정도가 지난 뒤였다. 수많은 이들이 죽어 갔지만 무엇 때문인지도 모르는 상황이니 얼마나 갑갑했을까?

이럴 때 사람들은 주로 종교와 미신에 의지하게 된다. 설명할 수도 이해할 수 없는 일이 바로 눈앞에서 일어나고 있으며, 이 죽음의 행진에 누구도 예외일 수 없다는 사실이 당시 유럽인을 절망에 빠트렸다. 그러니 의지할 곳을 찾아 함께 모여 무엇인가를 해야만 했다. 하지만 그것은 결국 전염병의 확산만 가속했을 뿐이다. 종교와 신앙도 효과가 없다면 무엇으로 이 난국을 풀어 볼 수 있었을까?

당시 유럽인이 택한 길은 희생양 찾기였다. 이처럼 무서운 병은 신의 진노 때문에 일어나며, 신의 은총으로부터 멀리 떨어진 소수자 때문이라고 믿기 시작했다. 그래서 그들은 유대인, 한센씨병 환자들, 그리고 자신들과는 다르게 생기고 멀리서 질병의 씨앗을 가져왔을 것이라 의심되는 외국인들에게 모든 책임을 돌리기 시작했다. 유럽인은 '동일성의 철학'*에서 비껴 있는 소수자들을 핍박하기 시작했다. 그들이 없었다면 페스트도 없었다고 믿기 시작하다가 나중에는 아예 그것을 기정사실로 믿어 버렸다. 의심이 확신이 되는 순간, 그들은 사회적 소수자요 약자에게 거친 폭력을 행사했고, 마침내 학살하기에 이르렀다. 이렇게 14세기 유럽인은 페스트라는 전염병 때문에 죽고, 사회적 약자는 유럽인의 폭력으로 희생되는 죽음의 악순환이 반복되었다.

이 절망적인 페스트의 칼부림은 한 번으로 끝난 것이 아니다. 항생제라는 특효약이 나오기 전까지 이 전염병은 주기적으로 반복해서 유럽 사회를 공포에 떨게 했다. 이 점에서 루터 역시 예외가 아니었다. 그가 주로 활동한 비텐베르크에도 심심치 않게 페스트가 돌았고, 역시 적지 않은 이들이 주검이 되었다. 루터도 사랑하는 두 동생인 하인츠와 바이트를 이 병으로 잃었다.

페스트는 교회에도 큰 변화를 가져왔다. 유럽 인구 3분의 1을 죽음으로 몰아간 전염병에 사제들도 대거 포함되었기 때문이다. 게다가 그들은 신분상 페스트에 노출될 위험이 컸다. 당시 사제들은 시신을 수습하고, 예배당으로 모여든 신자들과 접촉할 수밖에 없었기 때문이다. 그 탓에 적지 않은 신부들이 명을 달리하게 되었고, 이는 준비되지 않는 사제의 양산이라는 악순환을 불렀다. 페스트로 목숨을 잃은 사제의 자리를 교회는 급하게 채워야 했기 때문이다. 그 와중에 제대로 신학 교육도 받지 못하고 사역의 기본이라 할 수 있는 라틴어도 제대로 구사할 줄 모르는 무자격자들이 사제가 되어 현장에 파송되었다. 여기에 기존 교회 권력의 부패까지 더해져 페스트

* 차이를 무시하고 비슷한 것을 끌어내어 그것으로부터 불변하는 실체를 찾고자 하는 철학을 말한다. 이러한 철학적 경향은 부동의 일자一者를 주창한 고대 그리스의 철학자 파르메니데스에게서 보이고 스피노자, 셸링, 헤겔 같은 철학자들에게도 나타난다.

이후의 유럽 교회는 더욱 어렵고 힘든 상황으로 빠져들었다.

페스트의 창궐은 또한 사람들의 생각과 생활도 바꾸어 놓았다. 그것은 양가적 모습으로 나타났다. 죽음이란 놈이 언제 찾아올지 모르니 지금을 즐기자는 이들이 있는가 하면, 이 모든 것이 신의 진노에 의한 것이므로 더욱 신앙적으로 살아야 한다며 경건의 길을 택하는 이들도 있었다.

만연한 죽음의 그림자는 사람들이 후손 갖는 일에 크게 집착하도록 했다. 기회만 된다면 아이를 하나라도 더 낳는 것이 가문의 존속을 위해 최우선적인 일이 되었다. 우리는 여기서 루터의 아버지가 왜 아들의 수도원행을 반대했는지 그 이유를 찾을 수 있다. 루터가 수도사가 되면 당연히 독신 선언을 할 것이고, 이는 장자의 후손을 기대할 수 없다는 말이 되기 때문이다. 따라서 이 사건은 죽음으로 인한 불안에 아들과 아버지가 각각 자기 방식대로 대응한 것이라 볼 수 있다. 불안한 아들은 신앙에 귀의했고, 아버지는 생리적이고 합리적인 방법을 통해 가문을 이어 가고 싶어 한 것이다.

전쟁의 소문

루터가 활동하던 시대에 민중의 삶을 고달프게 한 또 다른 것으로는 끊임없이 반복되는 전쟁이었다. 우선 프랑스와 영국 사이의 백년전쟁(1337~1453)을 들 수 있다. 이 전쟁의 원인은 겉으로는 프랑스의 왕위 계승 건이었다. 카페왕조의 샤를 4세가 아들 없이 죽은

백년전쟁

중세 말기 영국과 프랑스 간에 왕위 계승 문제로 벌어진 백년전쟁은, 페스트에 의한 죽음의 행진으로 지친 유럽 민중을 더욱 고달프게 했다. 1337년부터 시작된 이 전쟁은 여러 차례 휴전과 전투를 되풀이하면서 1453년까지 이어졌고, 결국 잔다르크를 앞세운 프랑스군의 승리로 종지부를 찍었다. 루터는 비록 이 전쟁에서 비껴 있었지만, 100년 이상 지속된 전쟁은 당시의 모든 유럽인을 불안에 떨게 했을 것이다.

것이 화근이었다. 과연 누가 그의 뒤를 이어 왕이 될 것인지가 당시 최대 관심사였다. 마침내 발루아가의 필리프와 영국의 국왕 에드워드 3세로 후보가 압축되었다. 이들은 모두 샤를 4세와의 관계를 내세웠다. 필리프는 샤를 4세와 사촌지간이었고, 에드워드 3세는 자신의 어머니가 카페왕조 출신임을 피력하면서 자신도 프랑스의 왕이 될 자격이 충분히 있다고 주장한 것이다.

당시 프랑스와 영국 사이에는 왕위 계승권 말고도 지속적 갈등 요소가 있었다. 우선 두 나라 국왕의 지위가 문제였다. 통상 프랑스에서는 영국 왕을 자신들의 신하로 생각했다. 왜냐하면 당시 영국 왕이 속한 가문이 본디 프랑스의 영주 출신이었기 때문이다. 그래서 아직 민족국가가 형성되기 이전이기는 하지만, 프랑스와 영국 사이에는 왕가를 중심으로 묘한 경쟁의식이 자리 잡게 되었다. 이런 상황에서 왕위 계승권 문제가 터졌고, 프랑스에서는 살리카법을 들어 필리프의 손을 들어주었다. 살리카법이란 5세기에서 9세기까지 프랑크왕국을 유지했던 살리족의 법전이다. 이 법에 의하면 죽은 선친의 유산은 여성 쪽으로 넘길 수 없게 되어 있다. 그러니 외척인 에드워드 3세에게는 왕위 계승 자격이 없다고 본 것이다. 이에 격분한 에드워드 3세가 1337년 군사를 일으켜 프랑스를 침공하면서 시작된 것이 바로 백년전쟁이다.

전쟁은 100년 이상 이어지기는 했지만 초반부터 판세는 줄곧 영국 쪽으로 기울었다. 하지만 전쟁의 최종 승자는 프랑스였는데, 이때 혁혁한 공을 세운 인물이 잔다르크다. 열입곱 살의 어린 소녀였던 그는 신의 계시를 받은 뒤 프랑스군을 이끌고 오를레앙 전투를 승리를 이끎으로써 백년전쟁의 종지부를 찍었다.

전쟁의 소문은 여기서 멈추지 않았다. 백년전쟁의 상흔이 씻기기도 전에 영국에서는 랭커스터가와 요크가 사이의 왕위 쟁탈전이 시작되었다. 바로 장미전쟁이라 부르는 것으로, 이 이름이 붙게 된 사연은 랭커스가의 문장이 붉은 장미이고 요크가의 문장은 흰 장미였기 때문이다. 루터가 속해 있던 신성로마제국은 백년전쟁이나 장미전쟁에서 비껴 있었지만, 유럽 한복판에서 100여 년간 진행된 긴 전쟁은 당대 유럽인 모두에게 적지 않은 불안감을 주었을 것이다.

교회의 분열과 타락

페스트와 전쟁의 소문에 이어 중세 유럽인의 마음을 뒤집어 놓은 것이 또 있었는데, 그것은 바로 교회의 분열이다. 우리는 중세 유럽을 그리스도교 보편 국가라 부른다. 하나의 신앙에 기초해서 건설된 단일한 공동체 국가가 중세 유럽이었다. 여러 민족과 인종이 섞여 살고 있지만 하나의 신앙, 하나의 교회, 하나의 신, 하나의 교황 아래 그들은 단일한 공동체를 이룰 수 있었다. 그리고 이러한 단일성을 유지하기 위한 전통적, 논리적, 신학적 근거를 제공하고 있던 것이 가톨릭교회였고, 그 본산지가 바티칸이었다. 하지만 중세의 절정을 지나면서 교황과 바티칸의 도덕적 해이가 점차 도를 넘어서고 있었다.

교황권이 프랑스 왕권에 굴복한 아비뇽유수(1309~1377)로 상처를 입은 가톨릭교회는 15세기에 이르러서는 한때 세 명의 교황이 난립하기에 이르렀다. 프랑스의 왕 필리프 4세는 1303년 이탈리아 아나니에서 당시 교황 보니파시오 8세를 납치해 폐위하고 프랑스인을 교황으로 옹립했으니 그가 클레멘스 5세다. 그러고는 바티칸의 교황청을 아비뇽으로 옮겼다. 그러다가 그레고리오 11세에 이르러 다시 로마의 바티칸으로 복귀하게 되었고, 곧바로 로마 가톨릭은 이탈리아 사람인 우르바누스 6세를 차기 교황으로 선출했다. 아비뇽유수를 마치고 바티칸으로 돌아갔으니 이제 교회 내 분란은 어느 정도 정리되어야 했는데 실제는 그렇지 않았다. 왜냐하면 프랑스의 추기경들이 이탈리아인 교황을 인정하지 않았기 때문이다. 그래서 1379년 새로운 교황을 뽑아 다시 아비뇽에 머물게 했다.

두 명의 교황이 대립하면서 이들 사이의 주도권 싸움은 결국 교회의 타락으로 이어졌다. 각종 추문과 성직매매가 난무했고, 가톨릭교회의 지도력은 점차 힘을 잃어 갔다. 그러다가 심지어 또 하나의 교황이 등장하게 되는데, 바로 1409년의 일이다. 교황 선출에 오직 추기경들만 참여한다는 것에 반발한 사제들이 피사 공의회를 열어 기존의 두 교황을 폐위하고 새로운 교황 알렉산데르 5세를 선출한 것이다. 이제 세상에 존재하는 교황은 로마 바티칸의 그레고리오 12세, 프랑스 아비뇽의 베네딕토 13세, 새로 선출된 알렉산데르 5세까지 무려 세 명이나 되었다. 가톨릭 역사상 이 기간 합법적 교황은 로마의 그레고리오 12세로 친다. 베네딕토 13세나 알렉산데르 5세는 교황의 자리에 오르기는 했지만, 정상적 절차를 거친 것이 아니라 하여 특별히 '대립 교황'이라 칭한다.

이 난맥상을 해결해 보고자 신성로마제국의 황제 지기스문트는 콘스탄츠 공의회를 열었고, 거기에서 기존 세 명의 교황을 폐위하고 새로운 통일 교황으로 마르티노 5세를 선출했다. 아울러 그 공의회에서는 당시 종교개혁의 기치를 내걸었던 얀 후스를 이단으로 판결하여 화형에 처하도록 했다.

이런 과정을 통해 어느 정도 분열적인 교회 정치는 정리되었지만, 그 사이 곪고 곪은 교회의 부패와 타락은 막아 낼 길이 없었다. 무엇보다 성직매매가 문제였다. 당시 성직매매의 핵심은 성직록에 있었다. 성직록이란 사제에게 주는 일종의 급여다. 교회의 부동산과 동산, 그리고 신자의 헌금과 기부금 등을 통해 조성한 재원에서 성직을 정상적으로 수행하고 있는 사제에게 지급하는 일정 금액이다. 문제는 교회를 많이 맡을수록 성직록도 늘어나는 것에 있었다. 그래서 보다 많은 재정적 이득을 얻기 위해 한 사람이 여러 개의 교회를 맡는 일이 생겨났다. 이렇게 동시에 서너 개, 아니 그 이상의 성직을 맡게 되면 신자들 처지에서는 제대로 된 사제의 보살핌을 기대하기 어려웠을 것이다. 짧은 시간에 오갈 수 있는 거리가 아닌데도 다수의 교회를 맡게 되면 당연히 거리가 먼 교회는 사제의 관심에서 멀어지게 되었다. 그러면 당연히 그런 교회들과 거기에 속한 신자들에 대한 신앙적 돌봄은 거의 기대하기 어려웠다. 또한 사제들도 다수의 성직록을 얻기 위해 적지 않은 비용을 냈기에 좀 더 많은 수익에 집중하게 되고, 이는 결정적으로 성직자의 질을 떨어뜨렸다.

거기에 출세와 축재의 수단으로 고위 성직이 유용되다 보니 특정

성직매매로 지옥에서 벌을 받고 있는 사람들

중세 말기에 이르면 교회는 한때 세 명의 교황이 난립하기까지 하는 등 극심한 분열상을 보였다. 이와 함께 교회의 부패와 타락도 곪고 곪아 갔으니, 그중에서도 성직매매가 문제였다. 사제들은 다수의 성직록을 얻기 위하여 동시에 여러 개의 교회를 맡는 일이 생겼났다. 그러기 위해 적지 않은 돈을 썼고, 이 때문에 더 많은 수익에 집중하게 되었다. 결국 성직자의 질 하락은 막아 낼 길이 없었다. 위 그림은 단테의 『신곡』에서 성직매매로 지옥에 떨어진 이들이 뜨거운 구덩이 속에 머리가 처박혀 고통받고 있는 모습을 묘사한 것이다. 그중에서도 다른 이들보다 유독 더 심하게 발버둥을 치며 벌을 받고 있는 자가 있었으니, 바로 교황 니콜라스 3세(재위 1294~1304)다.

가문의 교계 영향력이 상대적으로 커졌다. 예를 들어 루터가 활동하던 당시 교황이었던 레오 10세의 경우가 전형적인데, 그는 이탈리아의 메디치 가문 출신이었다. 그의 가문은 그를 고위 성직자로 키우기 위해 막대한 자금을 쏟아부었다. 그 덕분인지 그는 고작 열세 살의 나이로 추기경의 위치에 올랐고, 심지어 독신의 의무를 지켜야 할 사제였는데도 교황이 되었을 때 슬하에 열여섯 명의 자녀를 두었다.

당시 고위 성직자의 도덕적 해이는 심각한 수준이어서 교황 알렉산데르 6세의 삼촌이기도 한 교황 갈리스토 3세의 경우도 추기경과 주교 등 가톨릭 내 고위 성직 자리에 아들과 사위, 심지어 정부까지 임명했다. 심지어 그가 추기경으로 임명하여 나중에 교황의 자리에까지 오른 알렉산데르 6세는 이전에 제대로 사제로 일해본 적이 없었던 사람이었다고 한다. 사정이 이러하니 이들이 제대로 된 신학 수업을 받았을 리 만무하다. 교황 레오 10세도 열세 살에 추기경이 되었으니 당시 그에게서 전문적인 신학적 식견을 기대하기는 어려웠다. 이는 성직자에 대한 신망의 급격한 추락으로 이어졌다. 몇몇 보고에 의하면 제대로 미사 하나 집전하지 못하고, 라틴어는 고사하고 성서 구절도 제대로 이해하지 못하는 사제가 적지 않았다고 한다. 그 밖에 성직자들의 성 추문도 끊이지 않았다. 이탈리아 트렌토 지역의 경우 성직자 중 5분의 1이 정부를 두고 있었을 정도였다고 하니 중세 말기 교회의 타락은 눈 뜨고 보기 힘들 정도라 하겠다.

이런 상황에 독일의 작은 마을에서 루터가 태어났다. 페스트가 몰고 온 죽음의 피바람이 여전히 잊히지 않을 즈음, 100여 년을 끌고 온 전쟁이 겨우 끝나는가 싶었는데 또다시 전쟁의 소문이 일어나던 때, 전쟁과 기근과 질병으로 절망하는 민중을 희망으로 인도할 종교계는 여전히 자신들의 이권에 대한 집착으로 혈안이 되어 있을 때, 세상에 고개를 내민 것이 바로 루터였다. 게다가 생업에 집중하느라 자상한 자식 교육과는 거리가 있는 엄한 부모 밑에서 루터는 혹독한 불안의 시절을 이겨 내야만 했다.

게다가 당시 민중의 삶은 화려한 귀족들에 비해 참으로 열악했다. 등불을 밝힐 기름이나 양초도 제대로 갖추지 못한 그들에게 밤은 지옥세계를 떠올릴 정도로 칠흑 같았다. 먹을거리는 더 비참했다. 당시 서민들은 밀과 콩으로 쑨 수프로 연명해야만 했고, 잠자리도 짚으로 만든 자그마한 침대가 전부였다. 제대로 된 하수도 시설도 갖추어져 있지 않아 언제든 전염병에 걸릴 수밖에 없는 환경에서 하루살이를 해야만 했다. 그런데도 상층부는 그리스도교라는 시스템 속에서 똘똘 뭉쳐 있었다. 지배자들은 종교의 이름으로 하층민들을 적절히 조정할 수 있었다. 그래서 신은 공의를 내세우며 형벌을 주저하지 않는 심판자의 모습으로 각인되었다. 주변에서 쉽게 만나는 죽음의 그림자는 신이 형벌을 내린 결과로 널리 선전되었다. 따라서 신의 심판과 형벌에서 벗어나기 위해서라도 교회가 지정한 의례에 정기적으로 참여하고, 교회의 가르침에 철저히 순응해야 했다. 그 이외의 가르침은 모두 이단이자 사사로운 것이 되기 때문이다.

그러나 급작스러운 돌발 상황에서는 교회의 으름장이 잘 먹히지 않았다. 입에서 거품을 내며 갑자기 쓰러져 발작하는 이에게, 배가 아프다고 다리를 동동 구르며 눈물을 쏟고 있는 아이에게 무언가를 해 주어야 했기 때문이다. 그때 중세인은 멀리 떨어진 교회보다는 가까운 곳에서 즉각적인 도움을 받으려 했다. 때로는 전통적인 민간요법에 의지하기도 했고, 때로는 용하다는 누군가에게 달려가기도 했다.

문제는 바로 여기서 시작되었다. 교리와 신앙 규범으로 사회를 통제하던 지배층과 교회는 교회 밖에서 실질적 구원을 찾고 있는 이들의 태도를 용납할 수 없었기 때문이다. 따라서 교회는 비성서적인 모든 행위를 마귀가 하는 사악한 것이라 선포하기에 이르렀다. 모든 문제는 교회 안에서 해결해야 하고, 꼭 그래야만 했다. 그것을 벗어나서 무엇을 해결하려고 한다면 그것은 교회의 통제에 틈이 생긴 것이나 다름없었다. 그래서 교회는 엄격하고 무정하게 중세의 민중을 몰아붙였다.

하지만 사정은 급해도 교회는 멀리 있었고 사제들은 24시간 자신들을 위해 대기하지 않았다. 이제 교회 쪽이 변화를 도모해야 했다. 그 결과 교회가 택한 전략은 혼합주의였다. 민간신앙과 전통 요법을 교회의 한 요소로 수용하기 시작한 것이다. 하나의 신에게만 모든 것을 고하라고 하는 것은 당시 민중에게 잘 설득되지 않았다. 그때 고개를 든 것이 성인 숭배 강화였다. 물론 성인 제도는 그리스도교 초기 많은 순교자를 기리기 위해 등장했지만, 이제 전통적 민간신앙을 교회 안으로 끌어들이는 유인책 역할까지 했다. 이제 민중은 그들의 소원에 따라 필요한 성인이나 성녀에게 기도할 수 있었다. 거기에 더해 성물 숭배도 힘을 얻었다. 성인의 신체 일부나 그들이 사용한 물건을 지니거나 참배하게 되면 꽤 큰 심리적 위안을 얻을 수 있었을 것이다. 이런 방법을 총동원해서 당시 교회는 민중의 종교심을 교회 안에 붙잡아 두려 했다.

이렇듯 통제의 수단은 갖추어져 있었다. 남은 것은 가차 없는 형벌뿐이었다. 이때 교회가 내세운 논리는 교회가 포용한 '합법적' 수단 외의 모든 것은 다 '마귀의 짓'이라는 것이다. 따라서 그런 짓을 행한 이는 형벌을 피할 수 없게 되었고, 그렇게 중세 유럽의 광기 어린 마녀사냥이 시작되었다. 교회는 이런 식으로 그리스도적이지 않은 민간 풍습과 민중 종교의 잔재를 생활 세계에서 말살하고자 했다.

희생된 마녀에는 여자뿐만 아니라 남자도 있었고, 노인과 어린아이도 포함되었다. 그들은 주로 그리스도교적 신앙을 훼손하는 각종 이교적 행위나 의식을 했다는 죄목으로 고발당했다. 그들은 악마와 성관계를 맺고, 인육을 즐기고, 또한 이를 위해 영유아를 유괴 살해했으며, 사악한 주술을 행했다는 죄명으로 처형당했다. 하지만 최근의 연구 결과에 따르면 이러한 죄목은 대부분 근거 없는 것이었다고 한다. 그들은 남들과는 조금 다르고, 그리스도교로서는 제법 거북한 어떤 행위를 했다는 이유만으로 형장의 이슬이 되거나 불에 타 숨져 갔다.

화형에 처해지는 마녀

전쟁과 기근과 질병으로 신음하던 중세 말기의 민중은 연이은 불행에 대한 납득할 만한 설명을 교회 밖에서 찾기 시작했다. 그러나 교회는 모든 문제는 교회 안에서 해결해야 하며 밖에서 실질적 구원을 찾는 것은 마귀의 짓이라고 민중을 몰아붙였다. 그렇게 광기로 얼룩진 마녀사냥이 시작되었다. 마녀를 대하는 태도에서는 구교와 신교 간에 별 차이가 없었다. 시대를 앞서간 루터마저도 마녀에 대해서는 단호했다. 15세기 초부터 시작되어 16~17세기에 정점을 찍은 마녀사냥으로 유럽에서 10만 명 이상이 희생되었다.

중세의 마녀사냥은 16세기 들어 더 거세어졌다. 마녀를 대하는 태도에서 가톨릭교과 개신교는 큰 차이가 없었다. 종교개혁의 선구자 루터 역시 마녀에 대해서는 단호한 태도를 보였다. 그는 마녀 심문을 위해 고문 도구 사용을 적극적으로 권장하기도 했다. 심지어 그는 마녀들은 동물로 모습을 바꿀 수 있을 뿐만 아니라, 마귀와 성적인 관계를 맺는 존재라고 믿기도 했다.

그렇다면 당시 사람들은 어떻게 마녀 여부를 판단했을까? 대표적인 '물 시험'을 살펴보면 기가 막힐 지경이다. 예부터 사람들은 물을 성스러운 것으로 여겼다. 따라서 지목받은 사람이 마녀인지 아닌지를 성스러운 물의 판단에 맡겼고, 이를 일컬어 물 시험이라 했다. 방법은 아주 간단하다. 마녀로 고발당한 이의 손발을 묶은 다음 물속에 던지면 그만이다. 고발된 이가 마녀가 아니라면 자연스레 가라앉을 것이고, 마녀라면 신통한 능력을 발휘하여 물 위로 올라올 것이기 때문이다. 따라서 이 시험의 결과는 어쨌든 '죽는다'이다. 물론 물 아래로 가라앉는 경우에는 빨리 건져서 살려야 한다고는 했지만 대부분은 익사된 채 건져지기에 그것은 말뿐이었다.

또 다른 마녀 판별법은 '뜨거운 물 시험'이다. 이번에는 끓고 있는 물을 담은 그릇에 물건을 넣고 마녀로 고발된 자가 그것을 꺼내도록 한다. 그리고 손을 붕대로 감은 뒤 며칠 지났다가 풀었을 때 아무런 상처가 없다면 마녀가 아닌 것으로 보았다. 세상에 끓는 물에 손을 넣었는데도 아무런 상처를 입지 않는 사람이 과연 어디 있을까? 아무리 중세라고 해도 이는 정상적인 시험이라고 할 수 없다. 따라서 마녀로 지목되면 번복의 기회는 거의 없다고 볼 수밖에 없다. 그저 처형을 기다리는 수밖에!

하지만 이를 벗어날 방법이 아예 없었던 것은 아니다. 돈이다. 돈과 재물이면 이 잔혹한 마녀사냥의 올가미에서 벗어날 수 있었다. 마녀로 지목받은 이들 중 그래도 집이 넉넉한 경우에는 각종 헌납과 선물 공세로 심판을 비껴갈 수 있었다. 따라서 지역의 권력자들은 정적을 처단하거나 아니면 적어도 그들의 재화를 갈취하기 위해 종종 마녀사냥을 동원하기도 했다. 마녀사냥 활용은 정적 제거에만 머물지 않고 각종 다양한 목적으로 활용되었다. 독일 헤센주에 있는 작은 도시 이드슈타인의 17세기 기록에 따르면 마녀로 지목되었다 하더라도 당사자가 가임기 여성이라면 방면했다고 한다. 인구를 늘리기 위해서였다. 이처럼 마녀사냥은 단순히 신앙과 종교의 문제만은 아니었다. 지배계급의 권력과 이익 유지를 위한 사회적 기제로서 마녀사냥은 다양한 사회적, 문화적 의미를 지닌 것이라 하겠다.

독일의 역사학자 볼프강 베링거의 연구에 따르면 당시 마녀사냥으로 희생된 사람은 유럽에서 10만 명 이상이었고, 그중 독일어권에서만 무려 6만 명 정도가 처형되었다고 한다. 이 숫자 역시 단지 추정치일 뿐 기록 외의 처형까지 감안한다면 중세 유럽에 분 마녀사냥의 광풍이 얼마나 흉포했는지 가늠하기 어려울 지경이다.

불안했던 중세인

이것이 루터가 처했던 '삶의 자리'였다. 계몽과는 거리가 먼 중세라는 유령의 숲에서 그는 죽음과 질병에 대한 공포로 하루하루를 견디며 영원한 구원을 갈망하는 신앙인이었다. 그래서 그는 끊임없이 신을 찾았다. 그가 저지른 죄악이 그를 신의 심판 앞에 서게 할 것이며, 그 결과는 죽음일 것이라는 편집적 생각이 생활 속에서 쉼 없이 튀어나와 그를 옭아매었다.

루터는 죽음의 두려움에서 벗어나 마음의 평안을 찾기 위하여 지속해서 신을 찾았다. 남들보다 몇 배 이상 많은 시간을 고해실에서 보낼 정도로 그는 신에게 집착적으로 매달렸다. 하지만 그때마다 신은 엄중한 심판자의 모습으로 그를 더 힘들게 만들었을 뿐이다. 오죽하면 그는 그러한 심판의 신을 '저주'했다고까지 했을까.

결국 루터가 갈구한 구원은 철저히 자신을 위한 개인적인 것이었다. 전통적 신앙 방식이 주는 편안한 형식에 만족할 수 없었던 그는 양심의 불편함으로부터 해방되기를 원했다. 그래서 어떤 식으로든 신과 담판을 지어야 했다. 어쩌면 그의 이런 불안한 양심이 그로 하여금 세속적 출세가 보장되는 법학도의 길을 걷지 않게 한 결정적 요인이었을 것이다. 그를 둘러싼 죽음의 그림자가 세속인으로 살지 못하도록 한 것이다. 그리고 그는 매우 극적인 몇몇 장면을 통해 지극히 개인적인 희구를 위해 (그의 가문으로 대표되는) 집단의 족쇄에서 벗어나게 된다. 중요한 것은 죽음으로부터 자유로운 '루터(자유인)'이지 가족의 일원으로 생활에 구속되는 '루더(사냥꾼)'가 아니었다.

전혀 연관성이 없어 보이는 중세 말기 죽음의 음습한 그림자는 '근세적 개인주의'를 부르고 있었고, 루터는 그 부름에 '개인'으로 반응했다.

그런 불안 때문인지 루터는 마음뿐만 아니라 몸도 불편했다. 장이 좋지 않은 탓에 평생 변비와 복통에 시달려야만 했다. 그뿐만 아니라 신장 결석도 여러 번 일어났고, 어린 시절에 다친 다리는 나이 들어서도 종종 그를 괴롭혔다. 거기에 이명, 치질, 현기증, 불면증, 심지어 심장 질환으로 혼절하는 등 그는 걸어 다니는 종합병원과도 같았다. 특히 변비와 복통이 그를 괴롭혔는데, 그래서인지 그가 남긴 글에도 화장실 이야기가 심심치 않게 나온다. 심지어 그는 마귀와 싸울 때 사용할 수 있는 적절한 무기로 방귀를 꼽았는데, 이 역시 그의 오래된 변비와 복통과 무관하지 않을 것이다. 실제로 그는 변비의 고통을 사탄의 공격이라 여겼으며, 그런 점에서 화장실은 그가 신에게 의지하는 법을 배우는 최선의 장소였다고도 했다. 30여 년 동안 이런 질환에 시달리면서도 그는 글을 쓰고 강의하고 설교도 빼먹지 않았다.

루터의 피신처

페스트의 여파가 여전히 남아 있고, 전쟁의 소문 역시 사그라지지 않고 있으며, 광기 어린 마녀사냥의 물결이 일고 있을 때, 루터가 세상에 고개를 내밀었다. 죽음의 음습한 그림자가 드리운 혹독한 불안의 시절을 통과하면서 루터는 영원한 구원을 갈망하며 신과 성서에 매달렸다. 사진은 훗날 루터가 95개 논제로 제국에서 추방당했을 때 숨어 지내며 성서 번역에 몰두했던 곳이다.

02

MARTIN LUTHER

모든 것의 시작

내가 오래전 '신의 공의'라는 단어를 커다란 증오심으로 저주했지만, 지금은 가장 소중한 것으로 커다란 사랑으로 이 단어를 높인다. 그래서 이제 내게 바울로의 말씀은 실제로 낙원에 이르는 문이 되었다.

— 마르틴 루터, 『마르틴 루터 박사 전집: 비평적 총서 54』, 185f

음악을 만나다

루터는 아이제나흐에서 청소년기를 보냈다. 프랑크푸르트항에서 차로 두 시간 반 정도면 이 작은 도시를 만날 수 있다. 예나 지금이나 이곳은 그리 큰 도시가 아니다. 루터 당시에는 약 4000명 정도, 지금은 약 4만 3000명의 주민들이 살고 있다. 내가 아이제나흐에 도착한 것은 7월의 어느 날이었다. 따가운 햇볕이 여름을 알리고 있었다. 작은 도시답게 시청광장에는 몇몇 현지인들이 도란도란 담소를 나누고 있을 뿐 관광객 행색의 외지인은 나의 일행 정도뿐이었다. 루터의 도시답게 종교개혁을 알리는 홍보용 현수막이 광장 곳곳을 장식하고 있었지만 정작 그곳을 찾는 여행객은 좀체 눈에 띄지 않았다. 덕분에 나는 독일의 여름 햇살을 등지고 여유롭게 루터의 흔적을 찾아 나설 수 있었다.

루터가 이 도시에 처음 발을 들인 것은 열다섯 살 때인 1498년이다. 루터가 아이제나흐에 머문 기간은 고작 3년이지만 이 도시는 그의 삶에서 쉽게 지나칠 수 없는 곳이다. 누구에게나 그렇듯이 인생에서 매우 중요한 청소년기를 이곳에서 보냈고, 음악적 감수성을 키운 곳이기도 하며, 훗날에는 인근에 있는 바르트부르크성에 수개월을 묶여 있으면서 종교개혁의 시작을 알리는 성서 번역까지 했으니, 이 도시가 루터와 종교개혁에서 차지하는 비중은 절대 적다고 할 수 없다.

루터는 어린 시절을 광산업에 종사하던 부모을 따라 만스펠트에서 보냈다. 이후 그는 부모의 요청에 따라 마그데부르크대성당 부속 학교에 입학했다. 당시 이 학교는 '새로운 경건 운동Devotio Moderna'*의 영향 아래 있었고, 이는 루터의 사상에도 지대한 영향을 주었다. 그러나 마그데부르크에서 보낸 생활은 그리 길게 이어지지 않았다. 1년 뒤 그는 외가 친척들이 있던 아이제나흐로 옮겨 왔고, 이곳에서 3년 동안 학업을 이어 갔다.

아이제나흐에 닿으면 가장 먼저 눈에 띄는 것은 고풍스러운 시청 건물이다. 그리고 시청광장 한편에는 웅장한 교회당이 서 있는데, 루터가 합창단원으로 활동했다고 알려진 게오르크시립교회다. 유달리 음악을 좋아했던 루터의 감수성을 키운 곳이 바로 이 교회다. 이곳에서 루터는 합창을 배우고 화음 넣는 훈련도 받았다. 개혁 운동의 매개로 음악을 적극적으로 활용했던 루터를 생각한다면 게오르크시립교회에서 한 음악 활동의 의미는 남다르다 할 것이다.

* 유럽의 중세 말기에 일어난 신앙 쇄신 운동으로, 네덜란드 사제인 헤르트 흐로테와 공동생활형제단에 의해 추진되었다. 신학적 사변이나 외면적 종교 생활보다는 내면적 영성을 충실히 하는 것을 중시했다.

루터가 합창단원으로 활동했던 게오르크시립교회

만스펠트에서 유년 시절을 보낸 루터는 마그데부르크에서 1년간 유학을 한 다음 열다섯 살 때인 1498년에 아이제나흐에 발을 들여 여기서 청소년기를 보냈다. 이곳 시청광장 한편에는 루터가 합창단원으로 활동했던 게오르크시립교회가 자리하고 있다. 이곳에서 음악적 감수성을 키운 루터는 훗날 종교개혁을 이끌 때도 음악을 적극적으로 활용했다. 한편 이곳은 루터가 훗날 황제 앞에 소환되어 가는 길에 설교했던 곳이기도 하다.

루터는 그의 글 곳곳에서 음악에 대한 깊은 사랑을 드러냈다. 그는 음악을 신이 내려 준 최고의 선물로 보았고, 악마와 싸울 때도 음악만큼 좋은 무기는 없다고 했다. 그는 입버릇처럼 신학을 하지 않았으면 음악도가 되었을 것이라고 했다. 그만큼 그는 음악을 사랑했고 그것에 대해 진지한 태도를 견지했다.

루터와 음악과의 관계는 꽤 오래전으로 거슬러 올라간다. 일곱 살의 루터는 아버지에 의해 만스펠트에 있는 라틴어학교에 들어갔다. 그곳에서 그는 지역 교회 예전에 참여하면서 음악에 대한 감수성을 키웠다. 아이제나흐에 있는 학교로 옮겨 간 뒤에는 소년합창단원으로 활동하면서 음악에 대한 사랑을 확고히 다질 수 있었다. 그즈음 다리를 다친 적이 있는데 그때 그는 류트 연주법을 익혔다.

루터가 그처럼 음악에 빠져든 이유는 무엇이었을까? 그는 사람의 감정을 누그러뜨려 하나로 만들어 주는 음악의 기능에 주목했다. 아무리 좋지 않은 사이라 할지라도 적어도 노래할 때만은 아무도 싸우지 않는다. 음악은 사람의 마음을 모으고, 성냄을 가라앉히고, 종국에는 한마음으로 묶어 주는 역할을 한다. 그러니 루터는 음악을 사랑하지 않을 수 없었을 것이다. 그는 음악에 대한 자신의 마음을 이렇게 표현했다.

> 나는 음악을 사랑합니다. 재세례파는 음악을 정죄하기 때문에 내게 전혀 매력적이지 못합니다. 그러나 음악은 다릅니다. 1) 음악은 사람들의 선물이 아니라 하나님의 선물입니다. 2) 음악은 마음을 즐겁게 합니다. 3) 음악은 마귀를 물리칩니다. 4) 음악은 순수한 기

> 뻠을 제공합니다. 음악을 통해 분노와 욕심과 교만이 사라집니다. 나는 음악을 신학 다음으로 중요한 첫 번째 위치에 둡니다. 이는 그들이 말하고자 했던 모든 것을 절과 노래로 표현했던 다윗과 모든 선지자의 경우를 통해 보더라도 분명합니다. 5) 음악은 평화의 시간을 지배합니다. 따라서 음악은 계속 존재할 것이며, 아마도 이 예술은 우리 시대 이후에 더 나은 대우를 받을 것입니다.
>
> — 마르틴 루터, 『마르틴 루터 박사 전집: 비평적 총서 30』, 695쪽

음악의 기능을 화합과 평화로 보았다는 점에서 루터는 플라톤의 생각과 많은 점에서 닮았다. 플라톤 역시 음악의 기능을 조화와 연합의 마음에서 찾았다. 한마음으로 연대감을 갖는 데 음악만큼 유용한 것은 찾기 어려울 것이다. 그런데 어느 순간부터 음악은 감상용이 되어 청중은 무대로부터 분리되기 시작했으니, 플라톤은 이것을 음악의 타락으로 보았다. 청중의 마음을 하나로 묶어 내지 못하는 음악은 더는 음악이라고 할 수 없기 때문이다.

루터 역시 회중과 멀어진 전문가의 음악은 원하지 않았다. 그는 예배에 참여한 이라면 누구든지 쉽게 따라 하고, 함께 공유할 수 있는 간단하고 쉬운 가락의 노래를 기대했다. 그래서 그는 일반 회중이 부르기 어려운 기법으로 만든 교회 노래는 과감히 버리기 시작했다. 누구든지 쉽게 따라 부를 수 있어야 노래가 가지고 있는 최고의 기능을 공유할 수 있지 않은가. 그러니 루터의 노래는 결코 어려워질 수 없었다.

음악에 대한 루터의 이러한 관점은 결국 쇠락했던 교회 내 회중

음악을 사랑한 루터

루터는 자신의 글 곳곳에서 음악에 대한 남다른 관심을 드러내었다. 심지어 신학을 하지 않았다면 음악을 했을 것이라고도 했다. 그는 음악이 하느님이 내려 준 최고의 선물이며, 마음을 즐겁게 하고 마귀를 물리치며 순수한 기쁨을 제공하고 평화를 가져온다고 보았다. 이에 교회에서 쇠락했던 회중 찬송을 다시 부활시키는 혁신을 일으켰다.

찬송을 다시 불러내는 혁신을 일으켰다. 사실 그리스도교는 초기 형성기부터 회중 노래가 중요한 부분을 차지했다. 이미 회중 찬송은 '찬미가의 아버지'라 불리는 암브로시우스(340~397)가 활동하던 때부터 시행되고 있었다. 그러나 세월이 흘러감에 따라 회중 찬송은 눈에 띄게 줄어들었다. 강력한 성직 계급이 위계 질서를 세우면서 교회 내 평신도의 역할은 이전보다 훨씬 축소되었고, 음악 역시 숙련된 전문가에 의해 독점되기 시작했던 것이다. 그리하여 중세에 이르면 교회 음악은 사제 계급과 성가대라 불리는 전문가 집단의 영역으로 제한되었다. 급기야 매우 제한적인 경우에는 후렴 정도를 반복해서 따라 부르는 것 외에 평신도의 노래는 교회에서 거의 자취를 감추어 버렸다.

이렇게 교회 음악이 성직자와 성가대에 의해 독점되자 재미있는 현상이 생겼다. 우선 교회 내 음악 전문가는 일반인들이 쉽게 흉내낼 수 없는 보다 전문적이고 기교적인 연주에 집중하게 되었다. 연주자들은 화려한 기술로 자신을 뽐내려 했고, 그에 더해 세속의 음악이라도 자신의 기교와 능력을 자랑할 수만 있다면 과감히 교회 안에서 연주하기도 했다. 그러다 보니 어떤 경우에는 과도한 기교 때문에 전례를 망치는 경우도 있었다. 특히 오르간 연주자의 경우 현란하고 기교 중심적인 즉흥 연주 때문에 상황을 더욱 악화시켰다. 그들의 과도한 즉흥 연주를 성직자나 합창대가 따라가지 못하는 경우가 그랬다.

상황이 이러하다 보니 루터와 동시대를 살면서 종교개혁을 진두지휘했던 많은 이들이 교회 내 음악 사용에 대해 매우 부정적으로 생각했다. 그중 울리히 츠빙글리가 가장 엄격했다. 그는 예배 때 어떤 음악도 사용해서는 안 된다고 주장했다. 사실 츠빙글리는 음악적 감수성과 능력이 대단히 뛰어난 사람이었다. 그래서 웬만한 악기는 특별히 사용법을 배우지 않아도 쉽게 연주해 낼 정도였다. 그처럼 음악에 조예가 깊던 츠빙글리조차 엄격한 태도를 보인 것을 보면 당시 교회 내 음악 전문가들의 방종과 태만이 어느 정도였는지 충분히 짐작할 수 있다. 또 다른 종교개혁가 장 칼뱅도 교회 내 음악으로 시편의 노래 외에는 허용하지 않았다. 이들 종교개혁가는 특히 오르간에 대해 혹독할 정도로 비판적이었다. 그들은 이 악기에 '악마의 도구' 또는 '마귀가 만든 악기'라는 별칭을 붙였다.

그런데 루터는 달랐다. 많은 개혁가들이 교회에서 음악을 추방하려 할 때도 그는 도리어 더 많은 음악을 끌어들이려 했다. 게다가 그는 잘 만든 회중 찬송이야말로 그가 기획한 새로운 예배 의식에도 도움이 된다고 판단했다. 그래서 다른 종교개혁가와는 달리 교회 내 음악 사용을 적극적으로 장려했고, 그런 노력을 통해 그동안 교회 내에서 사라졌던 회중 찬송이 부활하기에 이르렀다.

게다가 이 일을 위해 루터는 자신의 재능을 총동원했다. 어릴 적부터 음악 교육을 받았고, 또 그에 걸맞은 재능도 가지고 있었던 루터는 많은 찬송시를 썼다. 심지어 가락까지 직접 붙이는 작업을 마다하지 않으면서 회중 찬송의 부활을 위해 최선을 다했다. 그의 기획은 교회와 가정 모두에서 자유롭게 부를 수 있는 찬송을 만드는 것이었다. 그리하여 그는 1523년부터 1543년까지 20년 동안 서른여섯 개의 찬송을 만들었다. 1524년에는 첫 번째 찬송집인 『여덟

아이제나흐에 있는 루터의 집

현재 박물관으로 운영되고 있는 이곳은 본래 루터가 아이제나흐 시절에 하숙했던 우르줄라 코타의 집을 복원한 것이다. 이 집 앞에는 "내일 세상이 멸망한다는 것을 알지라도 나는 오늘 사과나무를 심겠다"라는 말이 새겨진 기념석이 사과나무와 함께 있는데, 흔히 철학자 바뤼흐 스피노자가 한 것으로 알려진 이 말은 사실은 루터가 한 것이라고 한다.

개의 그리스도교 찬송가』를 펴냈고, 이어 같은 해에 스물여섯 편의 찬송가를 담은 두 번째 찬송집 『에르푸르트 찬송가』를 출간했다.

시청광장을 중심으로 주변을 한번 훑고 나면 게오르크시립교회 뒤편에 자리한 루터의 집이 눈에 들어온다. 전형적인 독일풍의 이 주택은 루터가 하숙한 우르줄라 코타의 집으로 알려졌지만, 본래의 건물은 아니다. 1636년에 화재로 소실된 것을 이후 새로 복원한 것이라고 한다. 이 집은 박물관으로 개조되어 루터의 흔적을 찾는 이들에게 좋은 안내 역할을 하고 있지만 처음부터 그랬던 것은 아니다. 화재 뒤 복원한 루터의 하숙집은 한동안 공장이나 식당 등으로 사용되었다. 그러다가 1955년에 튀링겐주의 루터교회 본부가 이 건물을 사들였고, 1956년에 새롭게 단장하여 루터를 기념하는 박물관으로 새롭게 문을 연 것이다.

루터의 집을 지나 골목을 따라 올라가다 보면 이 도시가 배출한 또 한 명의 위인을 만나게 된다. 바로 음악가 요한 세바스찬 바흐이다. 바흐는 부모를 모두 잃고 큰형 집에서 살게 될 때까지 대략 9년을 이곳에서 살았다고 한다. 그의 생가는 바흐의 집으로 꾸며져 있으며, 그와 관련한 유품 전시와 연주회도 종종 열고 있다. 아이제나흐의 도심 관광은 도보로도 충분하다. 그리 크지 않은 동네인 데다가 그리 멀지 않은 구역 내에 모여 있어서 한두 시간 정도 투자하면 여유롭게 루터와 바흐의 흔적을 따라갈 수 있다.

개혁의 모태

아이제나흐에서 청소년기를 보낸 루터는 1501년 대학생이 되어 에르푸르트에 발을 들여놓았다. 이후 비텐베르크로 이주하기까지 대략 10년을 이곳에서 살았다. 에르푸르트는 루터가 이전에 거주한 어떤 도시보다 크고 번화한 곳이었다. 에르푸르트의 규모는 742년에 세워진 성마리아돔과 성세베로성당을 통해서도 가늠해 볼 수 있다. 두 성당은 나란히 에르푸르트 중심부 언덕 위에 우뚝 솟아 있다. 그 규모와 화려함이 보는 이의 감탄을 절로 불러일으킨다. 특히 루터는 1507년 4월 3일, 성마리아돔에서 사제 서품을 받고 처음으로 미사를 집전하기도 했다.

두 성당 사이에 자리한 예수의 수난상은 묘한 감상을 불러일으킨다. 이 거대한 규모의 건물을 옆에 두고 십자가에 달린 예수는 어떤 메시지를 우리에게 던지는 것일까? 성마리아돔의 웅장한 규모를 보니 사제 서품 후 두려움에 떨었던 루터의 심정이 이해된다. 그만큼 건물은 장엄하고, 무겁고, 지나치게 컸다. 구원을 갈구하던 루터의 눈에 이 거대한 건물이 주는 중압감은 상당했으리라.

루터의 에르푸르트 시절은 상대적으로 많이 알려지지 않았다. 아무래도 당시 젊은 학생으로 학업에 열중하던 시절이었기에 크게 주목받을 것이 없었기 때문이리라. 교수로 활동하면서 종교개혁의 기치를 드높였던 비텐베르크나, 성서 번역의 쾌거를 이룬 바르트부르크성, 황제 앞에서 자신을 당당히 변호했던 보름스에서 보여 준 루터의 활약과 비교해 볼 때 에르푸르트에서의 루터는 많은 이들의

에르푸르트의 상징인 성마리아돔과 성세베로성당

루터가 대학 시절을 보낸 에르푸르트는 튀링겐주에서 가장 크고 번화한 도시다. 이는 이곳의 중심부 언덕 위에 우뚝 솟아 웅장한 규모와 화려함을 자랑하는 성마리아돔(좌)과 성세베로성당(우)을 통해서도 엿볼 수 있다. 이 중 성마리아돔은 루터가 사제 서품을 받고 처음 미사를 집전한 곳이기도 하다. 루터에게 에르푸르트는 그가 추진한 개혁을 예비한 곳이라 할 수 있다. 에르푸르트 시절이 없었다면 개혁도 없었을 것이다.

Bratwurst

관심사에서 약간 비껴가 있는 것도 당연하다.

그러나 루터의 삶에서 에르푸르트는 결코 빼놓을 수 없는 곳이다. 그는 이곳에서 대학생으로 고등교육을 받기 시작했고, 나중에는 에르푸르트에 있는 아우구스티누스수도원의 수도사가 되었다. 그런 객관적 사실 외에도 루터 개인적으로도 잊을 수 없는 곳이다. 왜냐하면 이 고색 찬연한 멋진 도시에서 그는 몇 차례의 실존적 체험을 했기 때문이다. 대학생이 되어 처음으로 보게 된 완전한 모습의 성서, 슈토테른하임의 천둥과 번개 속에서 행한 서원, 성마리아돔에서 사제가 된 뒤 집전한 첫 미사에서 맛본 누멘numen 체험,* 아우구스티누스수도원의 첨탑 방에서 성서 연구를 하는 과정에서 맛본 체험까지! 에르푸르트는 루터의 전성기를 예비한 모든 것의 시작이 되기에 전혀 부족하지 않은 곳이었다. 그의 전성기가 비텐베르크 시절이라 하더라도 에르푸르트가 없었으면 불가능했을 것이다. 에르푸르트에서 배우고 경험한 것이 바로 개혁의 시작이요 루터 사상의 가장 중요한 자양분이 되었다. 그런 점에서 에르푸르트는 루터가 추진한 개혁 운동의 모태와도 같은 곳이다.

에르푸르트에는 당시로도 적지 않은 약 2만 명의 주민이 있었다. 이곳은 여섯 개의 대성당과 제대로 된 대학까지 갖춘 제법 근사한

* 독일의 종교학자 루돌프 오토가 그의 책 『성스러움의 의미』에서 제시한 개념으로, 종교의 비합리적 요소를 강조한 것이다. 그는 신들이 지닌 초자연적 힘을 지칭하는 라틴어 단어 '누멘'이 종교의 비합리적 요소를 잘 담아 낼 수 있다고 보고 이로부터 '누멘적인 것'라는 용어를 만들어 냈다. 그는 누멘적인 것의 속성을 '신비'로 보았으며, 그 속성은 '전율'을 가져오면서도 매우 '매혹적인' 것으로 파악했다. 뒤에서 이야기할 루터의 '탑에서의 체험'도 이런 맥락에서 이해할 수 있다.

도시였다. 에르푸르트대학은 하이델베르크대학과 쾰른대학에 이어 독일에서 세 번째로 설립된 고등교육기관이다. 루터와 구텐베르크, 그리고 극단적 종교개혁의 선봉에 섰던 안드레아스 카를슈타트 등을 배출한 학교이기도 하다. 기록에 의하면 구텐베르크는 1418년에 이 대학에 등록하여 공부했다고 한다. 루터가 1501년에 이 대학의 학생이 되었으니 대략 한 세기 정도의 간격을 두고 시대를 바꾸는 두 위인이 이곳 에르푸르트대학을 다닌 것이다. 이렇게 역사의 우연은 끈질기게 루터와 구텐베르크을 엮고 있었나 보다. 그러나 에르푸르트대학의 역사에는 단절이 있었다. 1816년에 대학은 폐쇄되었다가 1994년이 되어서야 다시 학생을 받아들였다. 새로이 문을 연 지 오래되지 않은 탓인지 규모는 그리 크지 않았고 깔끔하고 아담하게 잘 정비된 교정을 갖추고 있었다.

그는 보았고, 읽었다!

루터의 첫 번째 체험은 '책'이다. 신실했던 루터는 에르푸르트대학에 입학한 뒤에야 생애 처음으로 완전한 모습을 갖춘 성서를 만났다. 바로 대학 도서관에 자리 잡고 있던 완전한 성서! 그때 루터는 신앙의 실체를 만난 것 같은 기쁨에 흥분을 감출 수 없었다. 그때의 감격을 루터는 이렇게 말했다.

> 젊은 나는 에르푸르트대학 도서관에서 성서를 처음으로 보았다.

에르푸르트대학 옛 본관인 콜레기움마이우스

1501년에 에르푸르트대학에 입학한 루터는 도서관에서 처음으로 완전한 모습의 성서를 보고 흥분을 감추지 못했다. 당시 성서는 흔하게 접할 수 있는 것이 아니어서 일반인들은 죽을 때까지 한 번도 보지 못하는 경우가 허다했다. 루터는 그 누구에 의해서도 왜곡되지 않은 있는 그대로의 성서를 마침내 접하게 됨으로써 그 스스로 신앙의 원천을 찾을 수 있었다. 그의 개혁은 바로 성서 읽기에서 시작되었다.

나는 완전한 성서 전체를 읽는 큰 즐거움을 느꼈다. 당시로서는 만날 수 없는 기회였다.

— 아이제나흐 루터의 집에 쓰여 있는 루터의 고백

그는 보았고, 읽었다! 어쩌면 종교개혁의 핵심이라고 할 수 있는 모든 것이 이미 이때 시작되고 있었는지 모른다. 왜냐하면 루터의 개혁은 '읽음'에서 비롯되었기 때문이다.

루터가 성서의 완본을 보고 왜 그토록 흥분했는지 현대인은 이해하기 쉽지 않을 것이다. 오늘날에는 책이 너무도 흔하고, 그중에서도 성서는 정말 쉽게 볼 수 있기 때문이다. 집집마다 교회마다 성서는 손쉽게 눈에 띈다. 하지만 루터가 살던 중세 시대에는 성서가 그렇게 흔하게 접할 수 있는 것이 아니었다. 당시에는 책이라고 하는 물건 자체가 매우 귀했다. 제대로 된 책을 제작하기 위해서 걸리는 기간과 비용을 생각한다면 성서라는 매우 두꺼운 책은 교회나 궁정이나 수도원에 한두 권 정도 있을 정도였고, 설혹 없다 해도 흠이 될 수 없었다.

약 1000쪽이 넘어가는 양피지 위에 필경사가 수십 개월 걸려서 옮겨 적고, 거기에 각종 보석 장식으로 치장한 성서의 가격을 생각해 보라! 당시 성서 완본을 만들기 위해서는 대략 250~300여 마리의 양이 필요했다고 한다. 여기에 붓대의 털을 만들기 위해 오리만 해도 수십 마리가 필요했고, 적어도 수십 개월 동안 여러 명의 필경사가 달라붙어 작업해야 했으니 그들의 인건비까지 포함하면 성서의 가격은 기하급수로 치솟았다. 그렇게 완성한 성서의 가격은 평균

500굴덴이었다. 당시 노동자 평균 주급이 1굴덴 정도였다고 하니 성서 한 권을 사려면 500주의 주급이 필요한 셈이었다. 무려 10년간 돈 한 푼 안 쓰고 모아야 살 수 있는 것이 성서였다. 그러니 죽을 때까지 완전한 형태의 성서를 눈으로 보지 못하는 이들이 한둘이 아니었다. 바로 그 성서가 마침내 루터의 눈앞에 펼쳐져 있는 것이었다. 그러니 그가 그토록 호들갑 떨면서 감흥을 글로 적을 수밖에!

게다가 그는 그 안에 적혀 있는 내용까지 읽을 수 있는 지식을 갖추고 있지 않았는가. 문자를 알고 이해할 수 있었던 루터가 누군가에 의해 왜곡되지 않은 있는 그대로의 성서를 드디어 만나게 되었다. 이제 남은 것은 그 책을 읽고 이해하면 될 뿐이다! 그렇게 성서를 직접 읽는다는 것이 함의하는 바는 무엇일까? 세계에 대한 이해와 가치관을 다른 어떤 권위에 기대지 않고 루터 스스로 정립할 수 있게 되었다는 것이다. 권위는 성서 그 자체에 있을 뿐이다! 교회가 전하고 사제가 독점한 성서를 이제 그도 볼 수 있게 되었다. 이제 누구의 도움도 없이 루터는 스스로 신앙의 원천을 찾을 수 있게 된 것이다. 그러니 사제와 교회의 언어가 더는 절대적 권위를 가질 수 없게 되었다. 절대 권위는 성서에 있고, 그 성서를 읽고 이해한다는 점에서 루터는 전혀 부족할 것이 없었기 때문이다!

성서에는 무엇이 적혀 있을까? 성서는 당시 교회와 사제 계급을 무엇이라고 증언할까? 기대와는 다르게 조직과 직제의 연원과 정당성을 성서에서는 명백한 문구로 확인할 수 없었다. 성서에는 교황이라는 직제와 그를 위한 자리도 찾기 어려웠다. 오직 신과 그가 베푸는 구원의 다양한 사례가 적혀 있을 뿐이다. 그리하여 루터는 성서 이외에는 어떤 권위도 인정하지 않게 되었다. 그는 쓰여 있는 것만 믿을 뿐이다. 성서가 말하는 것만 그에게 진리가 되었다. 교회도 사제도, 심지어 교황도 자신의 언어와 권위가 아닌 성서의 기준을 반드시 따라야 한다. 이제 세상의 기준은 성서여야 하고, 이처럼 기록된 텍스트만큼 분명한 증거도 있을 수 없게 되었다. 사정이 이러하니 아무리 교황이라도 성서에 있지도 않은 내용으로 루터를 설득하기란 곤란해졌다. 이렇게 루터의 '오직 성서주의'는 완전한 성서를 눈으로 직접 보게 됨으로써 싹이 텄다.

읽음을 통한 새로운 세계로의 도약! 이렇게 진정한 종교개혁의 서곡은 젊은 루터의 성서 읽기에서 이미 시작되고 있었다. 성서를 읽고, 그것을 이해하고, 충실히 암송하고 사용할 수 있는 능력이야말로 견고한 직제와 조직으로 무장한 가톨릭교회와 대결할 수 있는 최선의 무기였다.

내가 수도사가 되겠나이다

루터는 자신의 인생을 바꾸게 되는 또 하나의 획기적 전기를 에르푸르트 외곽에 있는 슈토테른하임에서 만났다. 때는 1505년 7월 2일, 루터의 나이 스물두 살 때였다. 그는 이미 에르푸르트대학에서 석사 과정까지 마친 상태였다. 그의 아버지는 아들이 유능한 법조인이 되어 집안을 빛내기를 원했다. 게다가 아들은 장남이었다. 당시 장남은 집안의 든든한 기둥으로 여겨졌다. 아버지는 영민한 아들이 대학을 마치고 좋은 직업인이 되어 결혼하고 자식을 낳아 행복하게 살기를, 그리고 그것이 가문의 자랑으로 이어지기를 희망했다.

그런데 무슨 연유인지 석사 과정을 마친 루터는 에르푸르트에서 계속 학업을 이어가지 않고 부모가 살고 있던 만스펠트를 방문했다. 역사가들은 루터가 다시 아버지를 찾아간 이유를 몇 가지 가능성으로 설명한다. 우선 그가 법학 공부를 포기하고 수도사가 되려 했기에 부모를 설득하기 위해 만스펠트를 찾았다는 것이다. 또 하나는 이미 그런 아들의 낌새를 눈치챈 아버지가 결혼을 빌미로 아들을 도로 집으로 불러들였을 것이라는 추측이다. 정확한 이유야 알 길이 없지만 분명 그즈음의 루터는 부모 집이 있는 만스펠트를 방문했고, 며칠 뒤 다시 에르푸르트로 돌아왔다.

슈토테르하임은 에르푸르트 도심에서 약 6킬로미터 정도 떨어져 있는 인적 드문 한적한 곳이다. 그곳에서 루터는 폭우를 동반한 천둥과 번개를 만났다. 번쩍이는 섬광과 세상을 뒤흔들어 버리는 천둥소리에 그는 두려움에 사로잡혀 마리아의 어머니이며 광부들의 수호신인 성 안나에게 이렇게 기도했다고 한다. "성 안나여, 나를 도우소서! 내가 수도사가 되겠나이다!"

기도였는지 아니면 두려움에 몰려 내지른 외마디 비명이었는지는 모르겠지만, 루터는 이 경험을 매우 진중하게 받아들였던 것 같다. 이는 그가 에르푸르트에 도착하자마자 곧바로 아우구스티누스 수도원을 찾은 것을 통해서도 충분히 짐작할 수 있다. 흥미롭게도 위의 기도문은 후에 루터가 직접 전한 말이기는 하지만 정말 저렇게 기도했는지는 전혀 알 길이 없다. 정작 그는 저때 외에는 성 안나라는 이름을 입 밖에 내놓은 적이 없기 때문이다.

엄밀히 따져 보자면 슈토테른하임에서 한 벼락 체험은 루터의 수도원행을 이끄는 시작점이라기보다는 종착점이었다고 보아야 할 것 같다. 왜냐하면 그는 이미 오래전부터 죽음의 공포에 사로잡혀 있었고, 이 문제를 해결하기 위해 구원을 갈망하고 있었기 때문이다. 그는 불안한 영혼을 이겨 낼 힘을 얻기 위해서라도 수도사가 되고 싶어 했으나, 아버지와 집안의 기대 때문에 제대로 실행에 옮기지 못하고 있었을 뿐이라고 볼 수 있다. 이런 방황을 눈치챈 아버지는 아들의 수도원행을 강하게 막아섰고, 그에 대해 루터는 제대로 된 저항 수단을 필요로 했을 것이다. 그런 와중에 만난 천둥과 벼락은 아버지에게 저항할 수 있는 구실이 되어 주었다. 그에게 무엇보다 중한 것은 '죽음'과 '구원'의 문제였다. 소소한 세속의 출세보다 더 시급하고 긴급하게 필요한 것은 바로 구원이라는 루터의 주장에 힘을 싣기에 슈토테르하임에서 한 체험은 매우 적절했을 것이다.

아들의 돌변한 태도에 아버지는 내내 섭섭해했다. 사실 당시 귀족이 아닌 서민이 출세할 수 있는 일은 두 가지 정도였다. 하나는 유능한 법관이 되어 귀족의 조력자가 되거나 혹은 신학 공부를 마치고 고위직 성직자가 되는 것이었다. 그러니 단순히 출세로만 따지자면 루터의 선택도 그리 나쁜 것이었다고 볼 수만은 없다. 하지만 아버지의 마음에 걸렸던 것은 수도사는 결혼할 수 없었다는 사실이다. 루터가 수도사가 되어 버리면 후손을 볼 수 없었던 것이다. 루터의 불안 못지않게 그의 아버지도 후사 없음을 두려워했다. 가뜩이

에르푸르트에서 슈토테른하임으로 가는 길

에르푸르트대학에서 석사 과정까지 마친 스물두 살의 루터는 부모가 있는 만스펠트를 찾았다가 에르푸르트로 돌아오는 길에 인생의 결정적 순간과 마주했다. 인적 드문 한적한 곳에서 폭우를 동반한 천둥과 번개를 만났고, 밀려오는 두려움 속에서 성 안나에게 기도하며 스스로 수도사가 되겠다고 서원했던 것이다. 결국 루터는 에르푸르트로 돌아오자마자 아우구스티누스수도원을 찾아갔다. 오늘날에도 그 길은 한적한 시골 풍경으로 가득하다.

나 죽음으로 가득한 세상인데 후손을 보지 않겠다는 것만큼 비극적인 일이 또 어디 있겠는가. 아버지는 그렇게 미친 듯이 아들의 수도원행을 막아섰지만, 아들의 결심은 바위처럼 이미 우뚝 서 있었다. 루터는 당시 상황을 이렇게 전했다.

> 내가 수도사가 되겠다고 말씀드렸을 때, 아버지는 거의 미친 사람처럼 분노했습니다. 아버지는 완전히 분노했고 절대 허락하지 않았습니다. 그런데도 나는 아버지의 인정과 허락을 받고 수도원에 들어가고 싶었습니다.
>
> — 마르틴 루터, 『마르틴 루터 박사 전집: 비평적 총서 29』, 615쪽

아버지는 끝내 아들의 의지를 막아내지 못했고, 그리하여 루터는 에르푸르트로 돌아가 수도사의 길을 걷기 시작했다.

1917년, 슈토테른하임에 '루터의 돌'이 세워졌다. 한적한 시골 풍경으로 가득한 이곳에는 기념석과 표지판 정도만 남아 루터의 흔적을 알려 준다. 주변은 널찍하고 탁 트인 벌판이라 동네 사람들이 종종 모여 여가를 즐기는 것 같았다. 내가 방문했을 때도 가족으로 보이는 동네 사람들이 모여 드론을 날리며 놀고 있었다. 한적한 동네에 방문객이 찾아온 것도 이상해 보였을 텐데, 그것도 멀리서 온 동양인이라 당혹해하는 것 같았다. 그러나 독일어로 루터의 돌을 묻자 그들은 이내 친근감을 표하며 정확한 위치를 알려 주었다.

그렇게 찾은 루터의 돌 앞쪽 윗부분에는 "거룩한 땅"이, 그 밑에는 "종교개혁의 전환점"이라는 말이 새겨져 있었다. 그리고 맨 밑

루터의 돌

루터가 천둥과 번개 속에서 서원한 곳에는 오늘날 루터의 돌이 세워져 있다. 돌의 앞쪽 상단에는 "거룩한 땅"이, 그 밑에는 "종교개혁의 전환점"이, 맨 아래에는 "하늘에서 번개가 칠 때 바로 이곳에서 젊은 루터에게 새로운 길이 보였다"라고 새겨져 있다.

에는 "하늘에서 번개가 칠 때 바로 이곳에서 젊은 루터에게 새로운 길이 보였다"가, 그 뒷면에는 저 유명한 "성 안나여, 나를 도우소서! 내가 수도사가 되겠나이다!"가 새겨져 있었다.

불안 속에서 사제 서품을 받다

1505년 7월 16일, 마침내 루터는 아우구스티누스수도원에 입회했다. 그때 그는 다음과 같은 첫 질문을 받았다. "그대가 여기서 추구하는 것은 무엇인가?" 당연히 루터는 "신!"이라고 대답했다. 그는 그때까지 자신을 괴롭히던 죽음과 마귀에 대한 두려움을 신을 통해 이겨 내고 싶어 했다. 이 말은 앞서 성서 발견과 슈토테른하임에서 경험한 천둥 벼락은 여전히 그의 질문에 답이 되지 못했음을 뜻하는 것이기도 하다. 아마도 두 체험은 그를 신으로 이끄는 안내자였을 것이다.

그가 선택한 아우구스티누스수도원은 신을 제대로 만나고 성서를 집중해서 연구하고 싶어 하던 루터의 소원을 어느 정도 충족시

루터가 수도 생활을 한 아우구스티누스수도원

루터는 1505년 7월 17일에 아우구스티누스수도원에 입교하여 1511년까지 수도 생활을 했다. 입교의 배경에는 죽음과 심판에 대한 두려움이 크게 작용했다. 엄격한 규칙으로 유명한 이곳에서 그는 자신의 욕망을 꿇어앉히고 최선을 다해 신을 갈구하면 모든 불안에서 자유로워질 수 있을 것이라고 기대했다. 그러나 아무리 영적 훈련에 매달려도 그의 실존적 불안은 떠나지 않았다. 오직 성서만이 그의 탈출구였다.

켜 주었다. 당시 수도원에는 약 50명의 수도사들이 생활하고 있었고, 그들은 아침 일찍 일어나 정해진 시간마다 기도해야만 했다. 세 시간에 한 번씩, 줄잡아 하루에 일곱 번에 이르는 기도 릴레이가 그들이 수행해야 할 기초 과제였다. 그리고 사이사이 비는 시간에 집중해서 성서를 연구했고, 또 미사를 비롯한 다양한 종교 의례를 준비해야만 했다. 애초 루터가 이 수도회를 선택한 이유는 그 어떤 곳보다 엄격한 규칙으로 유명했기 때문이다. 그렇게 자신의 욕망을 꿇어앉히고 최선을 다해 신앙의 삶을 산다면 충분히 신을 만날 수 있고, 죽음과 마귀가 가져오는 불안에서 자유롭게 될 줄 알았다.

하지만 실상은 그렇지 못했다. 좁은 골방에서 쉼 없이 기도하고 아무리 애를 써도 좀체 그를 옭아매는 실존의 불안은 가시지 않았다. 그래서 루터는 고해성사가 있는 날이면 과도할 정도로 죄 고백에 집착했다. 마음에 남은 자그마한 불안의 찌꺼기라도 떼어 버리려 했지만 그렇게 쉽지 않았다. 그래서 마음의 평온을 얻을 때까지 그는 고해실을 떠나지 않았고, 스스로 만족할 때까지 자신의 고해 신부를 놓아 주지 않았다. 이런 집요함에 때로는 지도신부가 나서서 그의 고해를 멈추게 했다고 한다.

루터는 왜 그랬을까? 무엇이 그를 이처럼 조급하고 초조하게 만들었을까? 평안을 얻기 위해 수도원을 찾았는데, 정작 그곳은 왜 답이 되지 못했을까? 그것은 그가 철저히 '자기'에게만 집중했기 때문이 아닐까? 다른 평범한 수도사들처럼 신에 대한 순종과 복종에 충실했다면 큰 무리 없이 그곳 생활에 적응해 갔을지도 모른다. 하지만 그러기에는 그가 다른 누구보다도 예민한 영혼과 양심의 소유자였다. 수도원 입회의 목적도 누구보다 분명했지 않은가. 그는 '신'을 만나고 '구원'을 얻기 위하여 수도원의 문을 두드렸다. 바로 영혼과 양심의 평화를 얻기 위하여!

강박적인 루터의 죄책감과 불안 의식은 그의 스승이자 고해신부이기도 했던 요하네스 폰 슈타우피츠에게 무척 골치 아픈 일이었다. 끝없이 같은 주제로 상담을 요청하고 매달리는 루터가 그에게는 얼마나 성가신 존재였을까? 그만큼 청년 루터는 답답하고 조급하고 불안했다. 무언가 꽉 막힌 양심의 올무로부터 그는 훨훨 벗어나기를 원했다. 그나마 그가 전념하며 매달릴 수 있는 것은 성서였다. 성서야말로 그에게는 유일한 탈출구였다. 그래서 그는 성서를 읽고 또 읽었다. 그 결과 수도원의 누구보다도 성서에 대한 지식을 풍부하게 갖추었다. 누군가 성서의 내용을 이야기하면 그는 단번에 본문의 정확한 장과 절을 맞출 정도였고, 나중에는 읽은 성서 내용을 요약하기까지 했다. 이제 그는 성서에 관한 한 수도원의 그 누구보다 월등히 앞서갔다.

그렇게 성서를 통해 불안한 양심과 죄의식을 달래고 있을 때, 수도원의 원장은 루터에게 사제가 될 것을 명했다. 매일 반복되는 수도원의 미사를 맡아 줄 사제가 필요했기 때문이기도 하고, 루터의 뛰어난 성서 지식은 그 직을 수행하기에 충분하다고 판단했기 때문이리라. 드디어 1507년 4월 3일, 루터는 성마리아돔에서 사제 서품을 받았다. 당시 전통에 따라 서품식에는 많은 친구와 가족이 참석했다. 심지어 그의 수도원행을 극렬히 반대하던 아버지도 함께 했다.

사제 서품을 받은 이는 그 자리에서 미사를 집전해야 했는데, 너무도 긴장한 나머지 루터는 집례를 거의 망칠 뻔했다. 다행히 다른 동료의 도움으로 그럭저럭 미사를 마무리하기는 했지만, 루터의 두려움과 긴장은 쉬 가시지 않았다. 그는 여전히 불안에서 벗어나지 못하고 있었다. 스스로 구원에 대한 확신이 분명하지 못했고, 또 양심의 고발에서 벗어나지 못했던 루터는 미사에서 사용하는 성체(빵과 포도주)를 자신의 죄로 더럽힐까 봐 두려워했다. 결국 그것이 자신을 죽음과 파멸로 이끌지도 모른다는 생각에 제대로 미사를 집전할 수 없었다. 이렇게 그는 슈토테른하임에서 천둥과 벼락을 만났을 때, 그리고 아우구스티누스수도원의 문으로 들어섰을 때의 불안감을 제대로 극복하지 못한 채 덜컥 사제부터 되고 말았다.

루터의 신학 수업

사제가 된 이후 루터는 신학 교육을 받았다. 그의 신학 공부는 이탈리아 출신으로 후에 파리의 주교를 맡았던 페트루스 롬바르두스의 『명제논집』을 배움으로써 시작되었다. 그리스도교의 교리 전반을 체계적으로 설명한 이 책은 오래도록 중세의 대표적인 신학 교과서로 자리 잡고 있었다.

당시 신학은 법학, 의학과 더불어 전문 교육 영역에 속했다. 그래서 예비 학교라고 할 수 있는 교양학부를 마친 뒤에야 신학을 전공할 수 있었다. 교양학부는 일곱 개 과목으로 나뉘는데, 기초 분야라

수도사 루터

루터는 마음의 평화를 얻기 위해 수도사가 되었지만 오히려 그 이전보다도 더 심판하는 하느님에 대한 두려움에 사로잡혔다. 스스로도 구원에 대한 확신이 분명하지 않은 상태에서 그는 수도원장이자 스승인 요하네스 폰 슈타우피츠의 명에 따라 사제가 되었다. 그러면서 본격적으로 신학 수업을 받았다.

할 수 있는 트리비움(세 개의 길)에는 문법, 수사학, 토론학이 있다. 이것을 마치면 쿠아드리비움(네 개의 길)을 배우게 되는데 대수학, 기하학, 천문학, 음악이 바로 그것이다. 이 과목들을 모두 거친 이후에야 비로소 시작할 수 있는 것이 신학, 법학, 의학이었다. 유럽 대학의 이런 전통은 13세기에 이르러 자리 잡았다. 루터는 이미 이 예비 과정을 모두 마친 상태여서 곧바로 신학 수업을 받을 수 있었다.

루터의 대학 생활은 매우 돋보였다. 이전부터 보여 준 집중력 넘치는 독서열이 그의 지식을 더 깊고 넓게 만들었으며, 뛰어난 언변도 그의 탁월함을 더 빛나게 해 주었다. 오죽하면 대학 초년 시절 그의 별명이 '철학자'였을까? 그 때문인지 몰라도 루터의 고해신부이며 스승이기도 했던 수도원장 슈타우피츠는 1508년에 제자를 신생인 비텐베르크대학으로 보냈다. 슈타우피츠는 비텐베르크대학을 설립할 때부터 관여했고, 그곳에서 10년 동안 교수로 일하기도 했다. 그러니 촉망 받는 제자를 자신의 밑에 두고 싶어 했을 것이다. 실제로 몇 년 뒤 자신의 자리를 루터에게 넘겨준 것을 보면 아마도 선생은 일찍부터 제자를 자신의 후임으로 점찍었던 것 같다.

당시 대학에서 교수와 학생은 주로 고전을 읽고 연구했다. 12~13세기에 유럽을 휩쓸고 간 르네상스 열풍이 고전의 재발견을 가져왔기 때문이다. 그래서 고전어에 정통한 선생들이 고대 그리스 시대의 철학과 과학 관련 문헌을 번역 소개하고, 그것을 주제로 학생들과 함께 집중 토론을 하는 것이 중세 대학의 흔한 풍경이었다. 르네상스기를 통해 옛 문헌의 가치를 재발견한 중세 유럽인은 오래된 것에 대해 무한한 존경을 표하기 시작했다. 이 점에서는 스콜라

학자나 르네상스 인문주의자나 큰 차이가 없었다. 옛것에 대한 동경과 그 때문에 가질 수 있는 자긍심이 중세 상고주의尙古主義를 강화했고, 이는 서로 불편할 수 있었던 그리스도교 사상과 고대 그리스철학의 만남을 가능하게 했다. 그렇게 스콜라주의는 아리스토텔레스와 그리스도교의 결합을 통해 꽃을 피우게 되었다.

12세기 고전 번역 운동이 일어나 아리스토텔레스가 본격적으로 소개되기 이전에 그리스도교는 교리의 안정을 누릴 수 있었다. 당시 세상은 신에 의해 '창조'되었고, 창조자로서 신은 세상에 대해 우월권을 지닌다고 여겨졌다. 그래서 신은 세속을 초월해 있으며, 전능한 위력으로 인간사의 모든 것을 간섭하는 존재였다.

하지만 번역 운동을 통해 재등장한 아리스토텔레스는 이와는 완전히 반대되는 논리를 전개했다. 그에 의하면 세상은 누군가에 의해 작동되는 것이 아니라 내재적 원리에 따라 스스로 움직인다. 따라서 아리스토텔레스를 받아들이면 신을 더는 초월적 존재로 생각하기가 어려워진다. 모처럼 발견한 고대 유럽 문화의 연원이 당시 막강한 영향력을 유지하고 있던 그리스도교의 교리와 정면으로 충돌하는 형국이다. 따라서 당시 이 둘 사이의 조화는 그 어떤 것보다 우선시되는 시대의 과제였다.

유럽의 지성들은 이 문제를 특유의 상고주의를 통해 해결하고자 했다. 옛것에 대한 존경과 숭앙하는 마음이 결국 불가능할 것 같았던 그리스도교와 아리스토텔레스의 조화를 이루어 낸 것이다. 이 작업의 선구자는 알베르투스 마그누스다. 독일 출신의 이 신학자는 아리스토텔레스의 작품을 번역 소개하면서 이 고대 그리스 철학자의 사유 체계로 그리스도교 신학을 해설해 내고자 했다. 그의 기획은 결국 뛰어난 제자를 만나 완성될 수 있었는데, 그가 바로 토마스 아퀴나스다. 그렇게 스콜라철학은 완성되었고, 이후 중세 유럽 대학에서는 전공을 위한 기초 학문 탐구로 아리스토텔레스의 작품을 읽어야 했다.

그런데 루터는 이것을 싫어했다. 그는 대학생이 된 지금도 불안했고, 앞으로도 그럴지 모른다. 그가 이 양심의 불안에서 벗어날 수 있는 길은 오직 신을 만나는 것뿐이었다. 그래서 그는 수도사가 되었고, 지금은 신학을 전공하고 있지 않은가. 그런데 정작 대학에 들어오니 그가 읽어야 할 것은 신 없이 세상을 설명하는 고대 그리스 사상가들의 책이었다. 그는 계속해서 성서를 읽고 그것에 더 깊게 몰두하고 싶었는데, 정작 현실은 그것으로부터는 점점 멀어지고 있었다. 종교적 자각을 한 이후 오히려 번민의 나날만 늘어나고 있었다. 하지만 루터에게 탈출구가 없었던 것은 아니다. 그는 최소한 세 개의 빛을 통해 어두웠던 방황의 길을 정리할 수 있었다. 그 빛은 오컴의 윌리엄으로 대표되는 유명론, 아우렐리우스 아우구스티누스의 은총론, 당시 유럽에 확산하기 시작한 신비주의 운동이었다.

세 개의 빛

오컴은 견고한 '우니베르시타스 호미눔universitas hominum'의 시대에 활동했다. '통일된 인간 세계'를 뜻하는 우니베르시타스 호미눔

중세 후기 철학을 대표하는 오컴의 윌리엄

중세 후기 철저한 유명론과 계시 신학을 내세워 이전의 토마스 아퀴나스로 대표되는 스콜라 철학에 대립한 오컴의 윌리엄은, 종교적 번민으로 방황하는 젊은 루터에게 하나의 빛이 되어 주었다. 아퀴나스는 이성이 진리를 체계적으로 전부 알아내는 수단이라고 확신한 반면, 윌리엄은 이성으로는 신을 파악할 수 없으며, 신은 이해되는 것이 아니라 경험되는 존재일 뿐이라고 선언했다. 이는 그리스도교 신앙에서 이성보다는 믿음과 계시를 강조하게 했다.

이란 신앙과 이성을 체계적으로 종합한 아퀴나스 철학의 지원 아래 중세를 견고하게 지배하고 있던 단일한 세계관을 말한다. 세계의 중심은 신이다. 신은 모든 것의 존재 이유가 되며, 세상은 신 아래 종속된다. 이런 세계관이 세속에 적용되면 교회가 모든 것 위에 있게 된다. 세상의 중심이요 근거가 되는 신을 독점하고 있는 지상의 대리자가 바로 교회이기 때문이다. 그래서 세속의 권력자는 이 견고한 우니베르시타스 호미눔을 깨지 못하는 한 번번이 가톨릭교회의 수장인 교황과 싸울 때마다 밀릴 수밖에 없었다.

그러나 14세기에 들어 서서히 이 구도에 변화가 생기기 시작했다. 우선 프랑스를 중심으로 왕권이 강화되면서 유럽에도 초보적 형태의 국민국가가 등장하기 시작했다. 이와 더불어 이제 보편보다는 국지적이고 특수한 것에 대한 강조가 생겨나기 시작했다. 거기에 성직매매를 위시한 다양한 교권 타락 현상은 교황 중심의 중앙집권적 보편주의를 뒤흔드는 촉매제 역할을 했다.

이런 배경 속에서 영국 프란체스코수도회에 속한 오컴의 윌리엄은 한발 더 나아가 아퀴나스 사상의 틈새를 날카롭게 갈라치기 시작했다. 잘 알려져 있듯이 아퀴나스는 개념 실재론자다. 그는 개념이나 보편자가 우주에 실재하고, 인간은 이성을 통해 그것을 파악할 수 있다고 보았다. 그러니 이성은 신의 존재를 증명하는 도구가 되며, 신학은 모든 학문 위에 자리한 여왕이 되었다.

그러나 오컴은 아퀴나스가 결합한 신앙과 이성을 철저히 분리했다. 그에게 보편자는 하나의 '기호'요 '이름'에 지나지 않는다. 우리가 인식할 수 있는 것은 오로지 개별적 사물일 뿐이다. 모두를 아우르는 보편 개념이란 단지 이름으로 이해될 뿐 실재하는 것이 아니다. 보편적 개념으로 '수數'라는 것도 사실은 없는 것이다. 지금 우리는 하나, 둘, 셋 등 구체적인 숫자를 헤아릴 뿐이다. 이렇게 '오컴의 면도날'은 경험 세계를 벗어난 보편이란 관념에 지나지 않는 것이라고 사정없이 난도질해 버렸다.

그의 면도날은 결국 아퀴나스가 견고하게 세운 신앙과 이성의 결합마저 베어 내어 버렸다. 오컴은 인간의 인식으로는 신을 이해할 수 없다고 주장했다. 인식과 신앙의 차원은 결코 섞일 수 없으며, 따라서 신은 이해되는 것이 아니라 바로 여기서 나에 의해 '경험'되는 존재일 뿐이라고 선언했다. 오컴의 이러한 주장은 그리스도교 신앙에서 이성보다는 믿음과 계시를 강조하도록 했고, 결국 그것은 '주체적 경험'을 강조하는 쪽으로 나타났다.

계시를 통해 경험되는 존재가 신이라면 그리스도교 신앙의 원천은 더는 교회라는 조직과 직제가 될 수 없으며, 교황의 절대왕정도 더 이상 인정될 수 없다. 오직 신의 계시를 담고 있는 성서와 그로 인해 촉발되는 종교적 경험만이 신앙을 가능하게 해 주기 때문이다. 그렇지 않아도 내재적 원리로 세계를 설명하는 아리스토텔레스의 사상에 신물이 나 있던 루터에게 오컴의 유명론은 복음과도 같았다. 구원의 신이 빠져 있는 아리스토텔레스의 철학과는 달리 오컴에게서는 신앙과 계시가 더 크게 빛을 발하고 있었기 때문이다.

아우구스티누스의 은총론 역시 루터에게 큰 영향을 끼쳤다. 루터는 무엇보다도 인간의 전적인 부패성을 그에게서 배웠다. 인간의 자유를 강조하며 죄 역시 인간 안의 보편적 경향성이라기보다는 개인의 선택 때문이라는 펠라기우스와는 달리, 아우구스티누스는 인간의 원죄를 인정하며 신의 은총을 통한 구원을 강조했다. 원죄란 최초의 인간 아담이 신과의 약속을 어김으로써 죄의 뿌리가 자손으로 영구히 이어진다는 그리스도교의 교리다. 상징적 언어로 포장되어 있기는 하지만 결국 이는 인간의 본질적 부패성을 극단적으로 강조한 것이다.

이렇게 인간의 부패성을 인정하게 되면 도저히 자신의 힘으로는 구원할 수가 없다. 아니 구원을 위해 인간이 할 수 있는 것은 그 어떤 것도 없다. 따라서 구원을 받으려면 반드시 신이 '값없이 주는 은총'이 필요하다. 바로 이 점이 루터의 마음 한가운데로 들어와 박혔다! 신만이 나를 구원할 수 있다. 내가 구원을 위해 할 수 있는 것은 하나도 없다. 어쩌면 그의 오래된 불안을 잠재울 수 있는 서광이 비치기 시작한 것이리라. 아무리 노력해도 씻기지 않던 양심의 불안. 고해실과 기도방에서 밤을 새워도 좀체 얻을 수 없었던 영혼의 평화. 이 모든 것이 '내가 했기' 때문이 아닐까? 루터는 그렇게 서서히 '오직 신앙'으로 다가서고 있었다.

오캄과 아우구스티누스와 더불어 루터에게 큰 영향을 준 것은 한 권의 책이다. 그는 이 책에 대해 다음과 같이 적었다.

> 성서와 아우구스티누스를 제외하고 나는 이 책 외에 다른 어떤 책에서도 하느님과 그리스도와 인간에 대해, 그리고 만물이 무엇을 의미하는지에 대해 더 많이 배우지 못했습니다.
>
> — 마르틴 루터, 『마르틴 루터 박사 전집: 비평적 총서 5-4』, 188~194쪽

그 책은 바로 『한 독일인의 신학』이었다. 루터는 이 책을 1518년에 『독일 신학』이라는 이름으로 출간했다. 이 책을 만나기 전에도 루터는 당시 유행하고 있는 신비주의를 경험할 수 있었다. 그는 열네 살이 되던 해 마그데부르크에 있는 공동생활형제단이 운영하는 라틴어학교에 들어갔다. 공동생활형제단은 이른바 새로운 경건 운동의 영향으로 결성된 단체다.

새로운 경건 운동은 우울했던 유럽 중세의 분위기를 타고 빠르게 전파되기 시작했다. 기근과 질병, 교회의 타락, 반복되는 전쟁, 흑사병에 고통받고 있던 당시 유럽의 신앙인들은 초대교회의 영성을 회복함으로써 암울한 현실을 이겨 보려 했다. 13~14세기 들어서는 네덜란드와 독일을 중심으로 크게 번성하기 시작했다. 이 운동은 특히 신실한 신앙 생활과 밀도 있는 성서 묵상 등을 전면에 내세웠다. 이 운동이 확산되면서 더 많은 개인용 성서와 묵상용 문서들이 필요해졌고, 이는 결국 구텐베르크의 인쇄술 등장에 한 요인으로 작용하기도 했다. 새로운 경건 운동은 그뿐만 아니라 그리스도교 신앙 서적 가운데 많은 이들이 애독하고 있는 토마스 아켐피스의 『그리스도를 본받아』에도 영향을 주었다. 루터가 극찬해 마지않던 『독일 신학』 역시 이 운동의 영향 아래 있었다고 볼 수 있다. 이 책은 구원을 위해 무엇보다 예수 그리스도를 강조하고 있으며, 아울러 그에 대한 복종을 가르친다.

신학을 공부하면서 루터의 마음을 움직인 오컴의 유명론, 아우구스티누스의 은총론, 『독일 신학』의 신비주의적 요소는 한 가지 방향을 지향하고 있었다. 그것은 바로 신앙에서 '개인적 경험'을 강조

새로운 경건 운동을 주도한 헤르트 흐로테

중세 후기 유럽 북부에서 크게 일어난 새로운 경건 운동은 초대교회의 정신으로 돌아갈 것을 주장한 신앙 쇄신 운동으로, 그 중심에 네덜란드 평신도 설교자인 헤르트 흐로테가 있었다. 흐로테는 마이스터 에크하르트 같은 신비주의자들의 글을 읽고 크게 감동받고 삶의 변화를 경험했다. 이 운동에서는 성서 묵상 등 내적인 영성 수련을 중시했다. 루터는 열네 살 때 마그데부르크에 있는 라틴어학교에 들어가 1년간 수학한 적이 있는데, 이 학교가 바로 새로운 경건 운동의 영향으로 결성된 공동생활형제단이 운영하던 곳이었다.

하는 것이며, 가톨릭교회의 견고한 위계적 세계관에 대한 거부다. 이는 루터 신학의 자양분이 되어 훗날 종교개혁의 핵심으로 자리 잡게 되었다.

이렇게 불안과 희망이 오가는 생활을 하는 가운데 바깥세상을 제대로 살필 좋은 기회가 루터에게 우연히 찾아왔다. 당시 그가 몸담고 있던 아우구스티누스수도회에서는 엄격한 규율의 시행 범위에 대한 시각차로 심각한 내분이 일고 있었다. 모든 아우구스티누스수도원이 일괄적으로 규율을 엄중히 준행했으면 큰 문제가 없었을 텐데, 때에 따라 규율의 적용 정도에 차이가 나기 시작한 것이 화근이었다. 그러다 보니 수도원은 규율을 엄격히 수행해야 한다는 쪽과 반대로 탄력 있게 운영해도 무방하다는 쪽으로 나누어져 갈등이 커지고 있었다. 결국 수도원별로 로마에 대리자를 파송하여 교황에게 이 문제를 중재해 줄 것을 요청하게 되었다. 루터는 에르푸르트수도원의 대표로 명 받고는 하루에 수십 킬로미터를 걸어 48일이 지난 뒤에야 로마에 도착했다. 때는 1501년 12월 24일, 성탄절 이브였다.

루터는 애초에 로마를 거룩한 신앙의 도시로 생각했다. 교황이 있으며 많은 성인을 품고 있는 종교의 도시 로마에서 그는 자신의 고민을 해결할 수 있는 길이 있을 것이라고 잔뜩 기대감에 부풀어 있었다. 하지만 애초의 생각과 너무도 다른 로마를 보고 커다란 충격을 받았다. 로마는 더는 믿음의 도시가 아니었다. 물론 엄청난 크기의 교회당으로 가득하고 수많은 사제가 넘쳐나는 곳이기는 했지만, 그곳에서 하는 신앙적 행위의 진실함이나 성실함은 좀체 찾아

보기 어려웠다. 대부분의 미사는 정해진 시간 안에 기계로 찍어 내듯 순식간에 치러졌다. 루터의 회고에 따르면 한 시간 동안 심지어 일곱 번의 미사가 집전되는 것을 보기도 했다고 한다. 자신의 죄 때문에 그리스도의 성체를 더럽힐까 두려워 사제 서품 뒤 첫 미사도 제대로 집전하지 못한 루터의 눈에 그런 모습이 어떻게 비쳤을까? 함께 미사를 집전하던 로마의 사제들이 자신보다 훨씬 앞서서 모든 순서를 마친 뒤 히죽거리며 떠드는 모습에 루터는 절망의 한숨을 내쉬어야만 했다. 로마는 거룩한 도시가 아니었다. 그곳에서는 구원의 신을 대하는 진중함이나 절실함이 없었다. 그렇게 루터는 실망만 간직한 채 대도시 로마를 떠나 에르푸르트로 돌아왔다.

로마에서 루터가 큰 충격을 받았다는 사실은 그만큼 그가 수도원과 대학이라는 제한된 영역에만 머물러 있었다는 말이기도 하다. 당시 사제들의 신중하지 못함과 질 낮은 수준은 로마만의 문제는 아니었기 때문이다. 루터가 살던 지역에서도 일선 교회 현장만 나가면 그런 사제들을 쉽게 만날 수 있었다. 루터의 로마 방문은 이제 신앙의 동기를 더는 외부에서 찾을 수 없다는 확신을 하도록 했을 것이다. 신앙은 신과 자신만의 문제이지 조직이나 직제가 해결해 주는 것은 아니라는 생각이 더 분명해지는 계기가 되었다. 이제 그는 더 깊고 짙게 신과 자신에게 집중하게 되었다.

1493년의 로마 모습

루터가 신학 공부를 하고 있을 당시 그가 속한 아우구스티누스수도회는 규율을 어느 정도로 엄격하게 시행해야 하는지를 두고 내분이 일어났다. 이에 로마 교황청의 중재를 요청하게 되었는데, 이때 규율을 좀 더 강화하는 방향으로 가고자 한 슈타우피츠의 명을 받고 루터가 로마에 파견되었다. 그러나 로마에서 열린 수도원 총회에서 슈타우피츠와 루터의 입장은 받아들여지지 않았다. 한편 루터는 로마에 체류하는 동안 신을 대하는 진중함이나 절실함을 찾아볼 수 없는 성직자들의 세속화된 모습에 크게 환멸을 느꼈다. 그의 눈에 로마는 더 이상 거룩한 신앙의 도시가 아니었다.

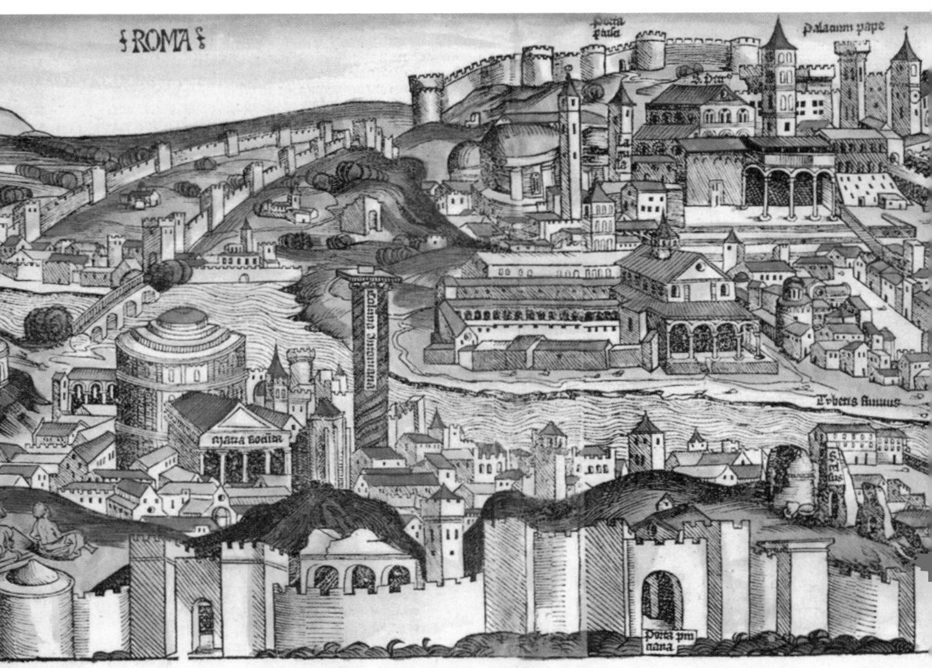

신의 의란 무엇인가

루돌프 오토는 종교의 본질적 요소를 '성스러운 것'에서 찾았다. 그는 성스러운 것은 인간의 인식 이성으로는 파악할 수 있는 것이 아니라고 보았다. 그래서 성스러움의 속성은 신비, 즉 '알 수 없는 것'이다. 그런데 이 신비는 고유한 특성을 가지고 있다. 오토는 그것을 '두려운 신비'와 '매혹적인 신비'로 이해했다. 어떤 계기에 사람은 일상을 쪼개는 성스러움을 체험하게 되는데, 알고 싶어도 알 수 없는 그것은 체험자를 두렵게 만들지만 또한 매혹적이기도 해서 그 상태를 계속 지속하고 싶어 한다는 것이다. 그리고 성스러움을 체험한 인간은 스스로 무한정 낮아지는 체험을 하게 되는데, 오토는 이것을 '피조물의 감정'이라 불렀다.

루터에게도 오토가 말한 성스러움의 체험이 있었을까? 앞에서 살펴보았듯이 그 첫 번째는 에르푸르트대학 도서관에서 성서를 처음 보았을 때이고, 두 번째는 슈토테른하임에서 천둥과 벼락을 만났을 때이며, 세 번째는 사제 서품을 받은 뒤 집전한 첫 미사에서 느낀 두려움이었다고 할 수 있다. 매우 극적인 이러한 체험은 루터에게 뚜렷하게 각인되어 분명한 신앙적 동기를 제공했다. 하지만 2퍼센트 부족한 것이 보인다. 그 체험은 번민과 고민, 종교적 수련의 출발이요 동기였지 해답으로 보기는 어렵기 때문이다. 즉 신을 만나고자 하는 젊은 수도사의 열망과 갈증을 보여 주는 것이지 신을 만난 기쁨의 체험은 아니라는 것이다. 그렇다면 루터는 언제 어떻게 신을 만난 것인가?

많은 이들이 루터는 탑에서 그런 경험을 했다고 믿는다. 이른바 '탑에서의 체험'이라고 부르는 이 사건은 루터가 머물던 수도원의 구조를 염두에 두고 명명한 것이리라. 그는 수도원의 길게 솟은 탑의 작은 방에서 생활했다. 그곳에서 그는 성서, 특히 시편을 읽고 연구하며 신의 은총을 탐구했다. 이전부터 그를 괴롭히던 종교적 번민은 결국 성서를 읽어 가며 해결의 열쇠를 찾게 된 것이다.

연구자들에 따라 탑에서의 체험이 1517년 저 유명한 95개 논제를 제시하기 이전에 일어났다고 보기도 하고, 그 이후에 일어났다고 보기도 한다. 이렇듯 시점이 오락가락한 것은 이 체험이 순식간에 이루어진 돌발적 사건이 아니라 점진적이고도 단계적으로 나타난 것이기 때문이라 하겠다. 즉 몇 차례 일상을 깨는 경험을 통해 구원의 신을 만날 필요를 느낀 루터는 여러 방법(수도원의 고행 생활, 고해성사, 사제 서품, 미사 집전, 신학 공부, 로마 방문 등)으로 해결책을 찾고자 했으나 모두 실패하고 결국 계시의 책 성서에 몰두함으로써 그 안에서 비로소 신을 찾은 것이 아닐까?

그럼 그렇게 해서 만난 신은 어떤 존재였을까? 1545년 루터가 남긴 라틴어 전집 머리말의 한 부분은 그가 탑에서 한 체험을 통해 얻은 것이 무엇이었는지 가늠하게 해 준다.

> 나는 '신의 의'라는 말을 싫어했다. 왜냐하면 나는 그 말을 철학적으로만 배워 왔기 때문이다. 거의 모든 선생이 무척 형식적으로 이 말을 가르쳤다. 따라서 나는 신을 공의로우며 죄인들과 불의한 자들을 벌주는 분으로 배웠다. 내가 비록 신실한 수도자로서 살았지

만 언제나 신 앞의 죄인으로서 무거운 양심의 가책 속에 있는 나 자신을 바라보게 되었고, 또한 내 만족만으로 편안할 수도 없었다. 그래서 나는 신을 사랑하지 못했다. 아니 오히려 나는 그를 증오했다. 바로 공의로우며 죄인들을 벌주는 그 신을! (…) 그래서 나는 불안하고 혼란스러운 내 양심으로 인해 분노했다. 그리고 타오르는 지식욕 속에서 점점 더 바울로에게 집착했다. 바울로는 이 상황에 대하여 무어라 말했는가! (…) "복음에는 신의 의가 나타나서 믿음으로 믿음에 이르게 하나니 기록된 바 오직 의인은 믿음으로 말미암아 살리라 함과 같으니라." 그때 나는 신의 의는 바로 다음과 같은 것임을 깨닫기 시작했다. 즉 신의 의 때문에 신께서 선물로 주신 의인은 살게 되며, 그리고 이는 믿음 때문에 가능한 것이며, 그리고 복음을 통해 신이 자비롭다는 것을 믿음으로써 우리를 의롭게 하는 신의 '수동적'인 의가 드러나는 것을 알게 되었다. 그때 나는 제대로 내가 거듭나게 됨을 느꼈고, 천국 문으로 들어가는 나 자신을 보았다.

— 베른트 묄러, 『기본적인 특징으로 본 기독교의 역사』, 224쪽

이 말에서 루터는, 탑 속에서 아니 정확히 표현하자면 성서에서 자신이 발견한 신은 이전에 그를 괴롭히던 준엄한 심판의 주가 아니라, 자비와 사랑의 존재였다고 고백하고 있다. 신을 심판관으로 바라보고 있을 때, 신의 의는 루터를 옭아매고 조여 오는 두려움이 되었다. 사실 많은 경우 사람들은 신의 의를 그렇게 해석했다. 히브리 성서(그리스도교에서는 이를 구약성서라 부른다)에 등장하는 의라는

아우구스티누스수도원 시절 루터가 머물렀던 방

루터는 수도원 탑의 작은 방에서 생활하면서 성서 연구에 몰두했다. 그가 성서에서 발견한 신은 언제나 준엄하게 심판하는 신이 아닌, 죄로 더럽혀진 인간을 값없이 의롭다고 인정해 주는 자비와 사랑의 신이었다. 이를 통해 그는 오랫동안 그를 괴롭히던 실존적 불안에서 비로소 벗어날 수 있었다.

개념은 관계 속에서 이해된다. 상대방과 우호적 관계를 맺기 위해서는 그가 요구하는 것을 충족해야 한다. 바로 그때 그 조건을 충족하는 이를 일컬어 고대 유대인은 '의로운 사람'이라고 했다.

이것을 신과의 관계에 대입한다면 어떻게 될까? 우선 인간이 신과 좋은 관계를 맺기 위해서는 무엇보다 신이 내건 조건을 충족해야 할 것이다. 그래야 그는 신 앞에 의로울 수 있기 때문이다. 그래서 사람들은 끊임없이 신이 내건 조건을 채우기 위해 애써야 했다. 루터 역시 이와 크게 다르지 않았다. 그도 신의 의에 맞추기 위하여 부단히 노력하고 애를 써 왔다. 그리고 그 결과는?

너무 힘들었다. 애쓰면 애쓸수록 신의 의가 주는 무게감은 쉬 가시지 않았다. 마치 무지개처럼 한발 다가서면 한 발짝 더 멀리 달아나 버리는 신의 조건을 무슨 수로 채울 수 있을까. 아니 도대체 인간이 신이 내건 조건을 충족한다는 것이 애초부터 가당하기나 한 것일까! 루터 역시 신의 조건에 맞추기 위해 치열한 삶을 살았다. 하지만 결국에는 신을 저주했다. 복음이라는 이름으로 자신의 불안한 양심을 더 아프게 하는 신의 무자비함에 루터는 몸서리쳤다.

그러다 모든 것을 내려놓고 성서 연구에 전념하던 그는 신의 의가 가진 새로운 면을 찾게 되었다. 아니 어쩌면 그것은 새로운 면이 아니라 처음부터 신의 의가 가지고 있는 본디 뜻이라 하겠다. 관점의 전환이 이러한 새로운 발견을 하게 한 것이다. 이제 새롭게 이해된 신의 의는 신을 '목적'으로 삼고 거기에 인간이 얼마나 도달했는지를 놓고 재고 따지고 판단하고 재단하는 것이 아니라, 도리어 부족한 인간을 어떤 비용도 청구하지 않고 의롭다고 해 주기 위한 것이었다. 즉 신의 의는 심판을 위한 판사의 언어가 아니라 자식을 사랑하는 부모의 것이었다. 그렇게 되면 신앙의 목적은 절대 신이 아니다. 오히려 신의 의가 지향하는 목적이 인간이다. 따라가기에는 너무도 완벽한 존재 혹은 하늘 저 높은 곳에 있어 인간이 닿을 수 없는 존재인 신이 신앙의 목적이 아니라, 바로 무력하고 큰 죄책감과 두려움 속에서 떨고 있는 인간이 신의 목적이었음을 깨닫는 것이 신앙의 참 얼굴인 셈이다.

이렇게 전적 타락의 가능성으로 더럽혀진 인간을 의로운 존재로 값없이 인정해 주는 것이 바로 신의 의였음을 루터는 절감했다. 이를 신학적으로는 '외적인 의'에서 '수동적 의'로의 전환이라 부른다. 의라고 하는 것이 인간적 노력과 공적에 따라 능동적으로 외적으로 얻을 수 있는 것이 아니라, 그리스도의 은총을 통해 값없이 받는 것이기 때문이다.

루터가 탑에서 한 체험은 바로 그러한 사랑의 신을 경험하는 '단계'였을 것이다. 그렇게 루터는 사랑과 자비의 신을 찾았고, 또 오래도록 그를 괴롭히던 죽음의 불안에서 벗어날 수 있었다. 이제 그에게 남은 것은 오랜 방황 끝에 만난 사랑의 신을 제대로 믿고 따르며 사람들에게 알리는 일이다. 그렇게 개혁의 정신은 수도원 좁은 방에서 성서를 '읽는 행위' 속에서 자라나고 있었다.

루터 시대의 고해 성사

고해성사는 신앙을 저버렸거나 죄를 지은 세례 신자가 신에게 용서를 받고 교회와 다시 화해하도록 해 주는 성사다. 고해 행위는 그리스도교 초기부터 실시되었고, 이것이 정식으로 교회의 성사가 된 것은 1215년 제4차 라테라노 공의회를 통해서다. 공의회는 가톨릭교도가 죄를 범하면 적어도 1년에 한 번은 고해성사를 통해 용서를 받아야 할 의무가 있다고 결정했다. 고해성사는 4단계로 진행되는데 먼저 마음의 회개, 두 번째로 입술의 고백, 그리고 용서와 행위의 보속 순이다.

초기 고해성사는 특별히 고정된 곳에서 시행되지 않았다. 고해성사는 주로 교회당 안에서 행해졌는데, 때에 따라서는 집에서 실시되기도 했다. 하지만 이런저런 이유로 점차 교회당 안으로 고해의 장소가 제한되기 시작했다. 처음에는 교회 안에서도 지금과 같이 폐쇄된 밀실에서 고해가 이루어진 것이 아니다. 교회 내 공개된 공간에서 신자들은 이동이 가능한 고해대를 통해 공개적으로 죄를 고백했다. 때에 따라 단체 고해가 있을 정도로 지금과는 사뭇 다른 장면이 연출되었다. 횟수도 1년에 1~2회 정도면 충분했다고 한다. 고해성사의 횟수가 이처럼 적은 것에는 몇몇 이유가 있는데, 그중 사제의 과중한 업무량과 또한 자질 문제를 언급하지 않을 수 없다. 당시 적지 않은 사제가 다수의 성직록을 받고 있었다. 이렇게 성직매매를 통해 여러 교구를 관리해야만 하는 사제로서는 고해성사의 양이 많으면 물리적으로 감당하기 어려웠다. 사제의 자질 또한 문제였는데, 당시에는 충분한 신학 교육을 받지 못한 사제가 많았고, 그 때문에 사제에 대한 신도들의 신망도 높지 않은 상황에서 고해성사의 횟수를 무한정 늘릴 수만은 없었다. 그리고 또 다른 이유로 속죄에 대한 신자들의 가벼운 마음도 지적할 수 있겠다. 당시 신자들은 고해성사 아니고서도 죄를 용서받는 쉽고 빠른 길을 알고 있었기 때문이다. 후에 종교개혁의 도화선이 되기도 한 면벌부 같은 것이 그에 속한다.

그런 점에서 당시 고해성사는 루터가 그랬던 것처럼 영적 불안에 사로잡혀 구원을 갈구하기 위한 실존적 고백 행위라기보다는 교회 안에서 의례적으로 진행하고 공동체의 구속력을 강화하는 '사회적 기능'과 '교육적 효과'가 더 컸을 것이다. 이런 전반적인 당시 교회 내 상황과는 다르게 루터는 오히려 극성스럽게 고해성사를 통해 신앙의 문제를 해결하려 했다.

이러한 고해성사가 지금의 모습처럼 바뀌게 된 것은 종교개혁의 영향이 크다. 1545년,

트렌토 공의회는 종교개혁자들의 교리를 비판하면서 고해성사를 사제 앞에서 비밀스럽고 진실하게 해야 한다고 선언했다. 그리고 17세기 들어 폐쇄된 고해실이 설치되기에 이르렀다. 그러면서 횟수도 점차 많아지게 되었다. 이는 신자의 교회 생활에도 적지 않은 변화를 가져왔는데, 공개적 고해성사가 개인적인 것으로 바뀌면서 도리어 교회와 사제에 대한 신자의 의존도가 높아지게 되었다. 아무래도 자주 사제 앞에서 자신의 내밀한 잘못을 고하다 보니 그만큼 고해성사에 참여한 신자들은 교회와 사제에게 심정적으로 종속될 수밖에 없었을 것이다.

반면 루터는 가톨릭의 고해성사를 거칠게 비판했다. 루터가 지적한 부분은 교황의 면벌부 발행권과 사제의 사면권이다. 누구보다 치열하게 신앙을 신과의 실존적 관계로 풀어 간 루터의 관점에서 죄와 벌을 감하고 사할 수 있는 존재는 오직 신뿐이었기 때문이다. 따라서 크게 뉘우치고 사죄하고 보속하는 모든 과정에 신과 고해자 외에 간섭하고 끼어들 매개는 있을 수 없고, 아니 있어서는 안 된다. 오직 개인이 회개하고, 신만이 용서하면 될 뿐이다.

고해실.

03

MARTIN LUTHER

개혁의 심장부

그러므로 한 여종이 주인의 명령과 직무에 따라 마구간에서 똥을 치우고 있다면 그것이야말로 천국으로 가는 직선로를 제대로 찾은 것이다. 반대로 자기 직무가 무엇이지, 자기 할 일이 무엇인지 알지 못하면서 성자나 교회당으로 가는 이들은 천국이 아니라 지옥으로 직진하는 자들이다.

— 마르틴 루터, 『마르틴 루터 박사 전집: 비평적 총서 10』, 309쪽

종교개혁의 도시

에르푸르트에서 대략 110킬로미터 정도 떨어져 있는 비텐베르크는 루터의 삶에서 떼어 놓을 수 없는 가장 중요한 곳이다. 그는 이곳에서 신학 수업을 받았고, 수도사가 되었다. 또한 교수로서 강의했고, 설교자가 되어 강론을 펼쳤으며, 면벌부에 항거하는 95개 논제를 발표함으로써 마침내 종교개혁의 기치를 올렸다. 이로써 비텐베르크는 중세 유럽의 중심에 서게 되었다. 루터는 이 도시에서 결혼했고, 자녀를 낳아 길렀고, 지금까지 잠들어 있다.

비텐베르크는 그리 크지 않은 도시다. 오늘날 대략 4만 명 정도의 주민이 살고 있고, 엘베강을 끼고 아주 아름다운 중세의 멋을 제대로 품고 있다. 도심이라고 해 보아야 걸어서 약 30분이면 충분히 살필 수 있고, 반나절 정도면 구석구석까지 둘러볼 수 있다. 무엇보다 이 도시에서 살펴보아야 할 곳은 95개 논제가 게시된 것으로 알려진 비텐베르크성교회다. 특히 이 교회 안에는 루터의 무덤

종교개혁의 무대, 비텐베르크

루터는 1511년에 스승 슈타우피츠의 부름을 받고 비텐베르크로 와서 죽을 때까지 35년을 이 도시에서 살았다. 그는 이곳에서 성서학 교수로서 강의했고, 수많은 설교를 했으며, 95개 논제를

내걸어 개혁의 기치를 올렸고, 논제를 철회할 것을 요구한 교황의 교서를 불태웠으며, 수녀 출신의 카타리나 폰 보라와 결혼하여 자녀를 낳아 길렀고, 지금까지 잠들어 있다. 아름다운 중세의 멋을 간직한 이 도시는 루터 생애에서 가장 빛나는 무대가 되었다.

이 있어 해마다 수십만 명의 방문객들이 찾고 있다. 비텐베르크성교회 외에도 루터가 자주 설교했던 성마리아시립교회, 루터의 집, 루터의 평생 동지였던 필리프 멜란히톤의 박물관(멜란히톤의 집)도 꼭 들려야 할 곳이다. 이 모든 장소가 비텐베르크 구도심에 자리하고 있고, 도보로 살피기에도 전혀 불편함이 없다. 비텐베르크 도심에서 성마리아시립교회 쪽에 치우쳐 있는 루터의 집은 원래 수도원 건물이었는데 루터가 결혼 이후 그의 집으로 사용한 곳이다. 1883년부터 박물관으로 사용되고 있으며, 그 규모가 상당하다. 그리고 멀지 않은 곳에 옛 비텐베르크대학 터가 자리하고 있다. 루터는 이 길을 매일 오가며 그의 고민을 숙성시키는 작업에 골몰했을 것이다.

도시 초입에는 이른바 '루터의 참나무'가 서 있어 비텐베르크와 루터의 인연을 강조하고 있다. 이 크고 늠름한 나무가 서 있는 곳은 루터가 교황이 내린 교서를 불태운 장소로 유명하다. 루터가 95개 논제를 발표하자 교황 레오 10세는 1520년 6월 15일에 해당 논제를 60일 안에 철회할 것을 촉구하는 교서를 발표했다. 그러나 루터의 대답은 단호했다. 같은 해 12월, 그는 참나무가 서 있는 비텐베르크 입구에서 그 교서를 과감히 불태웠다. 이에 대하여 레오 10세는 루터 파문으로 답했다. 이처럼 비텐베르크는 루터의 종교개혁에서는 빼놓을 수 없는 곳이며, 그와 관련한 많은 사연을 가지고 있는 도시다.

루터의 읽기 혁명

로마 여행을 마치고 돌아온 루터는 거주지를 에르푸르트에서 비텐베르크로 옮겼고, 그곳에서 1512년 10월 19일에 성서 박사 학위를 받았다. 그리고 1513년부터 성서학 교수로 비텐베르크대학에서 학생들을 가르치기 시작했다. 탁월한 소통 능력 덕분에 교수 루터는 큰 인기를 누렸다. 그는 강의 시간에 독일어 사용을 주저하지 않았다. 당시 대학에서 사용하는 언어는 라틴어였지만, 루터는 일반인이 사용하는 독일어에 가끔 욕설까지 섞는 파격을 마다하지 않았다. 이러한 행동은 학생들의 이해를 돕기 위해 계산한 것이었지만, 그의 불같은 성정도 한몫했을 것이다. 그 어려운 스콜라철학마저 루터의 입을 통하면 누구나 쉽게 이해할 수 있을 정도였다고 한다.

성서를 원어 중심으로 강의했다는 점도 인기의 한 이유였다. 당시 성서 수업에는 주로 5세기 초에 라틴어로 번역된 성서인 불가타를 사용했는데, 네덜란드 인문주의자 데시데리위스 에라스뮈스의 노력으로 성서 원어라 할 수 있는 그리스어 성서가 1516년에 출판되었다. 에라스뮈스의 성서는 그리스어 원문과 라틴어 번역문을 나란히 배치하여 이전 불가타 역본의 문제와 오역을 충분히 인지하며 성서를 연구할 수 있도록 해 주었다. 루터는 뛰어난 고전 그리스어 능력으로 불가타와 스콜라철학에만 의존하지 않고 성서 본문을 충실히 해설함으로써 당시 학생들의 존경과 인기를 한 몸에 받았다.

그의 이런 인기 덕분인지 유럽의 많은 학생들이 비텐베르크대학에 입학하고 싶어 했고, 1515년부터 1520년 사이에는 그 수가 두

배 가까이 늘어났다. 이 점 역시 대학을 세운 작센 선제후 프리드리히 3세에게는 매우 흐뭇한 일이었고, 루터를 전폭적으로 지원하게 된 주요 이유였다. 루터 때문에 대학의 평판뿐만 아니라 도시가 활력을 얻게 되었으니 그 지역의 통치자에게 이보다 더 좋은 일이 어디 있겠는가.

비텐베르크는 본래 대학이 들어서기에는 좀 작은 도시였다. 겨우 2000명 정도의 주민이 사는 도시에 대학을 설립하는 것은 충분히 부담스러울 수 있는 일이었다. 그러나 프리드리히 3세는 기어코 1502년에 자신이 통치하는 비텐베르크에 대학을 세웠다. 선제후는 왜 그런 무리를 감행했을까? 그것은 대학 설립이 가져올 여러 가지 유익한 점 때문이었다. 대학 설립은 지역의 통치자들에게 실보다 득이 컸다. 대학을 통해 자신을 보좌할 유능한 지식인과 전문인을 확보할 수 있었고, 그것을 통해 자신의 영향력을 확대할 수 있었기 때문이다. 지식의 보편화와 대중화가 거의 이루어지지 않았을 때 통치자 옆에 유능한 전문가들이 모인다는 것은 매우 의미심장한 일이다. 따라서 중세 유럽에서 유력한 지역의 방백들은 앞을 다투어 대학을 설립했고, 그것을 통해 인재를 자신의 곁에 붙잡아 두려 했다. 독일에서는 그것이 더 심했는데, 프리드리히 3세도 크게 다르지 않았다. 그에게 루터는 황금알을 낳는 거위 같은 존재였다. 루터 덕에 대학의 명성이 올라가고, 선제후는 유능한 젊은 인재를 확보할 수 있었으며, 유럽 각지에서 몰려든 학생들 때문에 도시가 활력을 얻었기 때문이다.

루터는 직접 성서를 읽고 연구했다. 그의 초기 강의는 대부분 성

말씀을 강론하는 루터

1513년에 비텐베르크대학 성서학 교수가 된 루터는 탁월한 소통 능력으로 학생들의 존경을 한 몸에 받았다. 그는 라틴어 대신 일반인이 쓰는 독일어 사용을 주저하지 않았고, 라틴어로 번역된 불가타와 스콜라철학에만 의존하지 않고 성서 원어라 할 수 있는 그리스어 성서 중심으로 본문을 충실히 해설했다. 그의 성경 주해는 종교개혁의 직접적 뿌리가 되었다. 그의 인기 덕에 비텐베르크대학은 유럽의 많은 학생들이 들어가고 싶어 하는 곳이 되었고, 도시도 활력을 얻었다.

서 연구에 집중되어 있다. 시편 강의(1513~1515)를 시작으로 로마서 강의(1515~1516), 갈라디아서 강의(1516~1517), 히브리서 강의(1517~1518), 두 번째 시편 강의(1519~1521) 등 그는 성서 대부분을 해석하고 설명하는 일에 몰두했다. 이는 그의 전집에 총 열다섯 권의 단행본으로 묶여 출간되었다. 바로 이 점에서 루터의 개혁은 '읽음'에서 시작되었다고 할 수 있다. 그런데 그 읽음이 이전의 전통을 답습하고 있었다면 굳이 개혁이라는 꼬리표를 붙일 필요가 없을 것이다. 그렇다면 과연 그 새로운 것은 무엇이었을까?

일단 루터도 성서에 대한 기존 해석 방법을 충실히 수용했다. 당시 많은 성서 연구가들은 이른바 '사중적 의미 해석 방법'을 따르고 있었다. 이는 성서를 네 가지 차원에서 해석하는 것을 말하는데 문자적, 비유적, 도덕적, 신비적 해석이 그것이다. 문자적 해석은 성서 본문을 역사적·비평적으로 파악하는 것이고, 비유적 해석은 기존 교리를 본문을 통해 설명할 때 사용하는 방법이다. 즉 본문 자체의 메시지나 뜻보다는 설명하고자 하는 교리에 초점을 맞춘 것이 비유적 해석이다. 도덕적 해석은 성서에서 신자의 현실에 적용할 수 있는 의미를 풀어내는 것이고, 신비적 해석이란 본문 뒤에 숨어 있는 영적이고 종말론적인 의미를 풀어내는 방법을 말한다.

루터 역시 이런 전통적인 성서 해석 방법을 십분 수용했으나 점차 그만의 고유한 주해법을 내세우기 시작했다. 그것을 우리는 '그리스도 중심적 성서 해석'이라 부른다. 루터가 보기에 성서의 중심에는 언제나 '그리스도'가 자리하고 있다. 따라서 그는 성서를 해석할 때 언제나 그 핵심에 그리스도를 놓아야 한다고 생각했다.

이렇게 된 데는 앞서 살펴본 탑에서의 체험이 중요한 역할을 했다. 탑에서의 단계적 체험 속에서 그는 신을 더는 심판의 주로 받아들이지 않게 되었다. 그의 끈질긴 성서 탐구를 통해 찾아낸 신은 공의라는 잣대를 들이대 인간을 심판하고 벌주며 끝내 죽음에 이르게 하는 무자비한 존재가 아니라, 부족하고 죄 많은 인간을 사랑으로 용서하고 끌어안아 구원에 이르도록 하는 사랑의 존재였다. 그리고 이러한 신의 사랑을 극명히 보여 주는 역사적 기호가 바로 그리스도라는 것이다. 사랑으로 자신을 버려 인간에게 구원의 길을 열어 준 그리스도야말로 신의 자비를 상징하기 때문이다. 따라서 성서는 사랑과 자비의 신을 증명하는 책이어야 하고, 그러기 위해서라도 반드시 그리스도적 시각에서 읽어야 한다고 보았다. 그래서 루터는 이렇게 소리쳤다. "성서에서 그리스도를 빼 보아라. 그러면 무엇이 남겠는가?" "모든 성서는 오직 그리스도만을 가리킨다!"

하지만 두 번째 시편 강의를 할 즈음에는 루터의 성서 해석에도 변화가 나타났다. 그즈음 그는 성서의 문자적 의미를 제대로 푸는 것 또한 매우 중요한 일임을 강조하게 되었다. 성서는 인간을 구원하고자 하는 신의 뜻이 아주 분명하고 선명하게 담겨 있는 책이다. 따라서 특별히 은유적으로 해석할 필요 없이 적힌 그대로 메시지를 풀어내는 것이 무엇보다 중요하다. 그러니 히브리어나 고대 그리스어와 같은 원어 문장이 중요하고, 성서만이 성서의 메시지를 풀어내는 최고의 근거가 되었다. 루터에게 성서란 전혀 어렵지 않으며 신의 사랑을 선명하게 드러내는 책일 뿐이다. 만약 본문이 난해하여 잘 이해되지 않는다면 그것은 그 부분이 어려운 것이 아니라 우

구 비텐베르크대학

비텐베르크대학은 루터의 강력한 후견인이었던 작센의 선제후 프리드리히 3세가 1502년에 세운 것이다. 루터는 이 대학의 교수로 몸담고 있으면서 종교개혁을 주도했다. 그러나 대학은 17세기 후반부터 서서히 약화되어 한때는 나폴레옹에 의해 폐쇄되기도 했다. 1817년에 할레 대학과 합쳐져 지금은 '마르틴루터할레-비텐베르크대학'으로 불린다.

리가 아직 제대로 읽어 낼 준비와 역량을 갖추지 못해서일 뿐이다. 좀 더 노력하여 기록된 문자와 그것의 문법적 의미를 충분히 이해하게 되면 성서의 메시지는 분명히 있는 그대로 우리에게 드러나게 될 것이라 루터는 확신했다.

따라서 이제 성서 해석의 권위는 교황이나 교회 같은 외부의 직제나 조직에 있는 것이 아니라 성서 그 자체에 있다. 성서의 원문을 이해하는 능력을 갖추고 제대로 본문을 이해했다면 누구도 해석의 권위를 훼손할 수 없게 된다. 성서의 본문을 읽거나 이해할 능력이 없거나 부족하다면 아무리 교황이라도 해석의 권위를 독점할 수 없다. 이렇게 루터는 일개 수도원의 수사요 독일 작은 도시의 신설 대학 교수에 지나지 않았지만 지상의 어떤 권위 앞에서도 당당할 수 있는 자신감과 자긍심을 갖게 되었다. 왜냐하면 그는 성서를 원문으로 읽고 이해할 수 있었기 때문이다. 상대가 아무리 지위가 높고 막강한 권력자라 하더라도 이 진리의 책을 제대로 읽고 이해해 낼 수 없다면 그의 눈에는 아무것도 아니었다. 권위는 세속의 권력에서 오는 것이 아니라 기록된 성서의 원문과 그것을 이해할 수 있는 개인의 지적 능력에서 오기 때문이다. 이 점에서 루터가 시작한 종교개혁은 읽음의 혁명이다. 누구의 도움도 필요 없이 주체적 개인이 스스로 습득한 능력으로 성서의 원문을 읽고 깨우친 자들의 자존감이 종교개혁을 일으킨 원동력이라 할 것이다.

비텐베르크는 이런 루터의 모습을 한껏 품고 있다. 중세풍의 아름다운 도심 한가운데 오래된 비텐베르크대학의 옛 건물을 만나면 그곳에서 전투적으로 성서 연구에 임했던 루터의 모습을 만날 것만

같다. 아쉽게도 비텐베르크대학은 지금은 할레대학에 통합되었다. 그나마 다행스러운 것은 대학의 공식 명칭에 루터와 할레를 살렸다는 점이다. 비텐베르크대학을 통합한 할레대학의 정식 이름은 '마르틴루터할레-비텐베르크대학교'이다. 옛 비텐베르크대학 교정에는 대학의 설립을 알리는 기념석만이 옛날의 영광을 대신하고 있었다.

면벌부 스캔들

이렇게 루터는 비텐베르크에서 자신만의 고유한 캐릭터를 완성해 갔다. 성서를 원문으로 읽으며 얻은 자긍심과 권위까지 갖추게 된 루터는 중세의 한복판에서 매우 낯선 '주체적 개인'이 되어 갔다. 그가 의식하든 의식하지 않든 간에 말이다. 그즈음 그는 고해실에서 한 농부로부터 충격적인 이야기를 들었다. 바로 면벌부에 관한 것이었다. 면벌부야 이전부터 존재했던 것이기에 딱히 새로운 것은 없었다. 그런데 이때 들은 이야기는 조금 충격적이었다. 그 중심에는 요하네스 테첼이라는 위인이 자리하고 있었다.

테첼과 면벌부의 관계를 이해하려면 역사적 배경지식이 필요하다. 면벌부는 로마 가톨릭의 대사大赦, Indulgntia 교리에 근거를 두고 있다. 이 말은 '은혜' 혹은 '관대한 용서'를 뜻한다. 가톨릭 교리에 따르면 누군가 죄를 지었다면 그에 대한 형벌이 반드시 따라온다. 죄에 마땅한 형벌을 받지 않으면 죽은 이후 연옥에서라도 받게 된다. 따라서 살아서 행위의 보속을 통해 용서를 받아야 하는데 보통 그것은 기도, 성지 순례, 성서 읽기 등이다. 그런데 어느 순간 보속의 행위가 헌금으로 대체되기 시작했고, 면벌부 역시 그중 대표적인 것이었다.

가톨릭교회에서 면벌부는 어제오늘의 일이 아니었다. 제1회 십자군을 창시한 교황 우르바노 2세는 십자군 전쟁 참여를 독려하기 위해 면벌부 발행을 명령했다. 그는 십자군 전쟁에 참여해 죽거나 살아 돌아오는 모든 이들에게 죄에 대한 형벌을 면하도록 해 주겠다고 선언했다. 13세기 교황 보니파시오 8세는 로마 건국을 기념하여 베드로와 바울의 무덤을 방문하는 이에게 면벌부를 주기도 했다. 그러다 교황 율리오 2세가 1510년에 이른바 희년 면벌부를 발행했는데, 이는 베드로성당 건축 기금으로 사용되었다. 율리오 2세와 그의 뒤를 이은 교황 레오 10세는 베드로성당 건축에 지대한 관심을 보였다. 글자를 해독할 수 있는 사람이 흔하지 않던 시절에 고고하고 심오한 가톨릭 신학을 제대로 이해할 수 있는 사람은 소수일 수밖에 없었다. 사제들에게도 쉽지 않은 신학 명제가 일반 신자들에게는 오죽했겠는가. 이렇게 문자를 모르는 이들에게는 무엇보다 볼거리가 더 유용하고 효과적이었다. 웅장하고 화려하며 기가 질릴 정도의 규모라면 더 좋을 것이다. 그러니 당시 교황들은 막대한 자금을 예술계에 쏟아부었다. 이런 시대적 환경 덕분에 레오나르도 다빈치, 부오나로티 미켈란젤로, 산치오 라파엘로 등 위대한 예술의 거장들이 마음껏 활동할 수 있었다.

레오 10세도 선대 교황의 유업을 이어 베드로성당 건축에 매진했다. 그래서 그에게는 많은 자금이 필요했고, 이를 면벌부 판매로 해

면벌부를 사는 소농 여성

루터 당시의 교황이던 레오 10세는 베드로성당 건축에 매진하면서 이에 들어가는 막대한 자금을 면벌부 발행으로 해결하려 했다. 당시 면벌부 판매 실무와 홍보를 맡은 요하네스 테첼은 빼어난 선동 능력으로 큰 성과를 거두었다. 그는 돈궤 안에 동전이 떨어지는 순간 영혼은 하늘로 올라간다는 유명한 말까지 남겼는데, 죄를 용서할 수 있는 능력은 오직 신에게만 있다고 본 루터로서는 그냥 넘어갈 수 없는 일이었다. 이 그림은 1825년에 프랑스 화가 프랑수아 마리 위스 그라네가 그린 것이다.

결하려 했다. 그는 독일 지역 면벌부 판매의 전권을 당시 마인츠와 마그데부르크의 주교이며 브라덴부르크의 후작이기도 했던 알브레히트 폰 브란덴부르크에게 위임했다. 알브레히트에게도 면벌부 판매는 포기할 수 없는 매력적인 일이었다. 왜냐하면 다수의 주교직을 얻기 위해 그는 적지 않은 돈을 지급해야만 했기 때문이다. 그로서는 무엇보다 사람을 선동하고 휘어잡는 데 탁월한 능력을 갖춘 이에게 면벌부 판매를 위해 홍보를 맡길 필요가 있었다. 이때 그의 눈에 들어온 인물이 테첼이었다. 알브레히트는 면벌부 판매의 실무와 홍보를 언변이 일품인 테첼에게 맡겼다. 기대에 어긋나지 않게 테첼의 빼어난 선동 능력은 면벌부 판매에 큰 성과를 가져왔다.

그러나 문제가 하나 있었다. 테첼의 과장이 도를 넘기 시작한 것이다. 사람들에게 면벌부 구매를 강요하기 위해 자극적인 언사로 마음을 흔들어 대던 테첼은 심지어 성모 마리아를 강간한 자라도 면벌부를 구입하면 곧바로 죄악에서 깨끗해질 수 있다고까지 했다. 여기에 더해 그는 돈궤 안에 동전이 떨어지는 순간 영혼은 하늘로 올라간다는 유명한 말까지 남기기도 했다. 그의 이런 화려한 선동이 루터의 귀에까지 들려오게 된 것이었다.

개혁의 방아쇠, 95개 논제

신앙의 정수에 대한 성서의 독점적 권위를 의심하지 않던 루터에게 이런 면벌부 스캔들은 가만두고 넘어갈 사안이 아니었다. 당연히 그는 자신의 지위와 지식을 이용하여 스스로 찾아낸 신앙의 본질에 비추어 면벌부에 대한 공개적 도전을 하지 않을 수 없었다.

드디어 그날이 왔다. 1517년 10월 31일, 이날은 루터가 비텐베르크성교회 문에 95개조 논제를 내건 날로 알려져 있다. 많은 이들이 바로 그때부터 종교개혁의 불길이 유럽을 뒤흔들었다고 생각한다. 그러나 현실은 그렇지 않았다. 사실 최근까지도 그날 정말 루터가 성교회 문에 면벌부를 반대하는 95개 논제를 내걸었는지에 대한 논의가 분분하다. 대표적으로 가톨릭 역사가 에르빈 이제로는 이에 대한 명확한 진술이 루터에게서 나오지 않았다는 점을 들어 95개 논제를 내건 것을 사실로 인정하지 않았다.

하지만 당시 대학가의 관례를 미루어 보자면 루터가 95개 논제를 내건 사건은 실제 있었을 가능성이 크다. 왜냐하면 당시 대학교수를 위시한 지성인을 특정 주제로 초청하기 위해 했던 의례적 일이 바로 교회당 문에 논제를 게시하는 것이었기 때문이다. 예배당 문은 게시판 역할을 했고, 논제는 오늘날의 대자보처럼 걸렸을 것이다. 그러니 어떤 식으로든 토론회를 알리는 공지문과 함께 95개 논제가 성교회당 문에 걸렸을 가능성이 크다.

하지만 루터 자신이 이 논제를 성문에 걸지는 않았을 것이다. 왜냐하면 당시 그런 일은 주로 대학 담당 직원의 몫이었기 때문이다. 따라서 루터는 단지 95개 조항이 적혀 있는 종이를 그해 10월 어느 즈음에 해당 직원에게 넘겼을 것이고, 직원은 그것을 교회당 문짝에 못 박아 내걸었을 것이다.

그런데 지금 성교회의 문은 청동으로 되어 있는데 어떻게 그곳에

못질을 할 수 있었을까? 본디 성교회의 문은 나무로 만들어져 있었는데 1760년 칠년전쟁 때 화재로 소실되었다. 이후 프로이센 통치 시절인 1856년에 새롭게 청동으로 문을 만들어 달았고, 지금은 이 문에 95개 논제를 새겨 넣어 관광객의 촬영 명소가 되었다.

사정이 이러하니 처음 95개 논제를 내걸었을 때는 세상에 끼친 파급이 그리 크지 않았다. 루터는 당시 관습에 따라 95개 논제를 자신의 상관이기도 한 마인츠의 주교 알브레히트와 브란덴부르크의 주교 히에로니무스 슐츠에게 보내기는 했지만 그들은 이런저런 이유로 무시해 버렸다. 루터가 제기한 면벌부 관련 토론회는 실제 비텐베르크대학에서 열렸다. 이 정도 선에서 정리가 되었더라면 95개 논제는 무명의 한 신학 교수가 면벌부의 무분별한 판매에 대한 논리적이고 신학적인 저항 정도로 끝났을 것이다.

하지만 소수 지식인 계급에서만 회자되고 있던 95개 논제가 독일어로 번역되면서 사람들에게 퍼져 가기 시작했으니, 대략 1518년 1월 즈음이다. 가뜩이나 교황과 바티칸에 불만이 있던 이들은 거침없는 루터의 논박에 동조하면서 면벌부에 대한 반감을 공적으로 드러내기 시작했다. 상황이 이러하니 종교개혁의 시작은 1517년 10월 31일이라기보다는 1518년 1월의 어느 날이라고 보는 것이 타당하다. 95개 논제가 예상과 전혀 다른 방향으로 전개되자 루터는 이렇게 말했다.

> 이것은 내 의도도 아니었고, 배포되기를 바란 것도 아니었습니다. 처음에 나는 그저 다른 사람들의 의견을 듣고자 몇몇 사람들과 함

루터가 95개 논제를 내걸었던 비텐베르크성교회

1517년 10월, 라틴어로 작성한 95개 논제를 처음 내걸었을 때는 지식인들 간 토론을 제안하기 위한 것이었다. 하지만 1518년 1월, 이것이 독일어로 번역되어 널리 읽히게 되면서 파급은

걷잡을 수 없이 번져 갔다. 여기서 루터는 면벌부는 결코 용서와 구원의 확증이 될 수 없으며, 신과 인간 사이에 교회나 세속의 왕권이 끼어들 여지는 없다고 천명했다. 이렇게 종교개혁의 출발지가 된 이곳에 루터가 잠들어 있다.

께 토론하기를 바란 것일 뿐입니다. 다시 말하자면 이 논제가 거부되든지 버림받든지, 아니면 인정받고 발행될 수 있는지를 묻고 싶었던 것입니다. 이제 이 논제는 내 예상을 뛰어넘어 너무나 많이 인쇄되어 방방곡곡에 배포되었기에 나는 이것을 쓴 것을 후회했습니다. 그것은 사람들이 이 진리를 알게 된 것이 기쁘지 않아서가 아닙니다. 이것이야말로 정확히 내가 바라던 것 그 이상이었습니다. 하지만 나는 이것이 사람들을 교훈하는 올바른 방식이라고 생각하지는 않습니다. 왜냐하면 나는 아직도 몇 가지 문제에 대해서는 의심하고 있기 때문이며, 만일 내가 이것을 예상했더라면 그 논제 안에서 많은 것을 다르게 말했거나, 좀 더 명확하게 표현하거나, 어떤 것은 완전히 빼 버렸을 것이기 때문입니다.

— 마르틴 루터, 『마르틴 루터 박사 전집: 비평적 총서 29』, 83쪽

그럼 루터는 이 95개 논제를 통해 무슨 말을 하고 싶었던 것일까? 여기서 그중 몇 개를 살펴보도록 하자.

01 우리의 주님이시며 선생이신 예수 그리스도께서 "회개하라……"(마태복음 4장 17절)라고 말씀하실 때 그것은 신자들의 전 생애가 참회(깊이 뉘우치는 것)가 되어야 한다는 것을 의미한다.

02 이 말씀은 하나님께 드리는 성례전적 참회 곧 사제의 직권으로 수행하는 고백과 속죄로 이해할 수는 없다.

05 교황은 그 직권 혹은 교회법의 위세로 부과된 형벌 이외의 어떤 벌이든지 용서할 힘이나 뜻(意志)을 가지지 못한다.

06 교황은 하나님께서 죄를 사했다는 것을 선언하거나 시인하는 것 이외에 어떤 죄든지 사할 힘이 없다. 기껏해야 그 자신에게 부여된 사건들을 그가 사하는 데 불과한 것이다. 이런 경우에도 만일 그의 사죄하는 기능이 업신여김을 당하게 될 때 사람 받았다는 죄는 확실히 그대로 잔재한 것이다.

08 참회에 관한 교회법은 산 사람에게만 부과되는 것이며, 임종에 처한 사람에게는 어떤 부담이든지 그 법에 의하여 부과되어서는 안 된다.

28 돈이 연보궤 안에서 딸랑 소리를 낼 때 이득과 탐욕이 증가한다는 것은 틀림없다. 동시에 성직자의 대도代禱*의 응답 여부는 하나님의 선한 뜻에만 달려 있다.

32 면죄증서에 의하여 자신의 구원이 확실하다고 스스로 믿는 사람은 그것을 가르치는 사람들과 함께 영원히 저주를 받을 것이다.

86 또한 오늘날 제일 부자의 재산보다도 더 많은 재산을 가진 교황이 가난한 신자의 돈으로 행하는 대신 차라리 자기의 돈으로 베드로교회쯤은 세울 수 있지 않는가?

87 또한 완전한 참회로 충분한 사면과 속죄에 대한 편리를 가진 사람들에게 무엇을 사하려 하고 무슨 영적 은혜에 참여를 주려는가?

— 지원용, 『말틴 루터』 중

* 대도는 신자를 대신하여 사제가 행하는 기도로서, '대행적 기도' 혹은 '중보 기도'라 불리기도 한다. 그런데 라틴어와 독일어 원문을 보면 '성직자의 대도'가 아니라 '교회의 중보기도'를 뜻한다.

위 논제를 통해서도 알 수 있듯이 루터는 여전히 탑에서의 체험을 통해 확증한 신앙의 본질을 그대로 고수하고 있다. 신앙은 오직 신과 자신과의 문제다. 거기에 간섭하고 개입할 어떤 삼자의 매개도 필요하지 않다. 루터는 죄를 범하여 받게 되는 형벌을 용서할 수 있는 권한을 지상에서는 찾을 수 없다고 분명하게 주장했다. 죄를 용서할 수 있는 능력은 오직 신에게만 있을 뿐이다. 교황과 교회가 사면할 수 있는 유일한 것은 그들 스스로가 심판한 것들뿐이다. 그 밖의 모든 것은 신의 권한이며, 거기에 인간이 끼어들 여지는 전혀 없다고 보았다. 따라서 루터는 면벌부든 무엇이든 사람이 만든 종잇조각은 결코 용서와 구원의 확증이 될 수 없다고 선언했다.

영광의 신학에서 십자가의 신학으로

루터의 문제 제기가 일반인마저 술렁이게 하자 당시 가톨릭교회도 가만히 있을 수는 없게 되었다. 가장 손쉬운 방법은 루터를 이단으로 몰아붙여 매장하는 것이었다. 이는 매우 익숙한 일이기도 했다. 루터와 비슷한 주장을 폈던 후스도 그렇게 처리하지 않았는가. 루터보다 딱 한 세기 전에 체코의 신학자였던 후스는 성서를 믿음의 유일한 권위라 강조하며 당시 가톨릭교회의 부정과 비리를 거칠게 쏘아붙였다. 하지만 1415년에 끝내 화형으로 생을 마감했다. 교회는 이 후스의 사례를 루터에게도 그대로 적용하면 될 일이었다.

그러나 가톨릭교회의 계획은 루터에게는 썩 효과적이지 않았다.

화형에 처해지는 얀 후스

루터보다 한 세기 전에 살았던 체코의 종교개혁가 얀 후스는 성서를 유일한 권위의 원천이라고 주장하면서 고위 성직자들의 세속화를 강력하게 비판했다. 교황은 그에게 자신의 주장을 철회할 것을 요구했지만 후스는 신념을 굽히지 않았다. 후스는 결국 콘스탄츠 공의회에 소환되어 화형에 처해졌다. .

왜냐하면 그 사이 상황이 많이 바뀌었기 때문이다. 우선 인쇄술의 발달과 많은 교육기관의 등장으로 루터를 동조하는 이의 세가 후스 때와는 비교할 수 없을 정도로 빠르게 확산되었다. 아우구스티누스 수도회의 정식 수도사요 사제이며 신학 박사로서 대학에서 강의하는 정식 교수라는 루터의 신분도 여러모로 걸림돌이 되었다. 루터도 나름대로 자기 방어권을 행사할 수 있었고, 또 그것을 수행하기에 충분한 능력과 사회적 지위를 갖추고 있었다. 거기에 서서히 로마 교회의 일방적인 명령에 염증을 느끼고 있던 당시 독일 지역의 유력자들까지 점차 루터 편에 서고 있는 상황인 만큼 후스의 사례를 루터에게 곧바로 적용하는 것은 큰 저항을 가져올 수 있었다. 이렇게 루터는 확실히 보통 사람처럼 쉽게 제압될 만한 대상은 아니었다. 그래서 선택한 방법이 논쟁과 설득이었다. 바로 그 선상에서 가톨릭교회와 루터는 1518년 하이델베르크 논쟁을 시작으로 양보 없는 전투를 치러야만 했다.

먼저 하이델베르크 논쟁부터 살펴보자. 1517년, 루터가 면벌부를 반대하는 95개 논제를 비텐베르크성교회 문에 내걸자 마인츠의 주교 알브레히트는 그를 로마에 고발했다. 마침 그 이듬해에 루터가 소속되어 있던 아우구스티누스 엄수파 수도원회의 독일 분회가 하이델베르크에 열리게 되어 있어서 루터는 그곳으로 소환되어 관련한 논쟁에 참여했다. 논쟁은 1518년 4월 26일 하이델베르크대학 인문학부 강의실에서 벌어졌다.

여기서 루터는 유명한 십자가의 신학을 논증했다. 루터에게 신은 오로지 십자가라는 역설적 사건을 통해서만 이해될 수 있는 존재였다. 이 길 외에 인간이 신을 알 수 있는 길은 없다고 보았다. 오직 신이 친히 인간을 찾아와야만 비로소 인간은 신을 인식할 수 있다. 그리고 그런 신적 계시의 절정이 바로 십자가다. 이는 인식 이성을 통해 자연 속에 스며 있는 신적 본질을 발견함으로써 신을 인식할 수 있다는 기존 가톨릭의 '영광의 신학'과는 완전히 대척점에 있는 것이었다.

루터의 이런 관점은 그가 신비주의로부터 영향을 받았음을 보여준다. 신은 인간의 능력으로 알 수 있는 존재가 아니며, 신에 대한 인식에서 인간은 철저히 수동적일 수밖에 없다는 것이 루터의 생각이었다. 이는 당시 유럽에 확산하기 시작한 신비주의의 주장과 크게 다르지 않았다. 따라서 이제 필요한 것은 인간의 능동적이고도 지적인 활동이 아니라 신의 은총을 기다리는 '수동적 자세'다. 이런 자세는 당시 가톨릭 신학의 기반이던 스콜라주의를 배척하는 일이었고, 아울러 그 안에 뿌리를 내리고 있던 아리스토텔레스의 철학을 거부하는 것이기도 했다. 실제로 아리스토텔레스에 대한 루터의 반감은 컸는데, 후에 그의 신학 강의실에서 이 고대 그리스의 사상가는 철저히 배척당했다.

하이델베르크 논쟁이 끝나고 몇 달 뒤 루터는 로마 소환을 명받았다. 그러나 이 일은 루터의 후견자였던 선제후 프리드리히 3세의 거부로 이루어지지 않았다. 선제후는 로마 소환 대신 아우크스부르크라는 곳에서 루터를 심문하는 것으로 대신하자고 했다. 결국 루터는 1518년 10월 12일부터 15일까지 아우크스부르크에서 추기경 토마스 카예탄과 논쟁을 펼쳤다.

루터의 십자가 신학을 잘 보여 주는 〈율법과 은총〉

95개 논제 이후 루터는 하이델베르크에서 열린 관련 논쟁에서 자신의 신학을 '십자가 신학'이라고 불렀다. 그는 인간은 피조물인 가시적인 것을 통해 비가시적인 신을 인식할 수 있다는 기존 가톨릭의 '영광의 신학'에 맞서, 신이 친히 인간을 찾아와야만 비로소 인간은 신을 인식할 수 있으며, 그런 신적 계시의 절정이 바로 십자가 사건이라고 주장했다. 이 그림은 루터의 십자가 신학을 잘 보여 주는 그림으로, 그를 지지했던 화가 루카스 크라나흐가 1529년에 그린 것이다.

Cap· der Herr wirdt euch
ein Zeichen geben Sihe ein Jung
wirdt Schwanger Werden vnd
einen Sohn gebehren
gerechte Lebet seines glaubens
wir hallten das der Mensch ge
werde Durch den glauben Ohn des
werecke ROM · 3 · Cap·
Sihe das ist Gottes Lamb das der welt
sunde tregt Ioh · 1 · in der heilichung des
geistes vnd besprengung das bluets Jesu
Christe in der · i · Petri · am · i · Capit ·
Der Todt ist verschlungen in dem Sig Gott
aber sey danckh der vns den sig gegeben hatt
durch JESVM Christum vnsern
Herren · in der ersten · Corenter ·
· am · 15 · Capitel ·

카예탄은 면벌부를 승인한 교황의 권위에 굴복할 것을 명했으나 루터는 최종적 권위는 성서에 있다고 주장하며 그것에 응하지 않았다. 계속해서 루터는 자신의 수동적 의에 대한 주장도 굽히지 않았다. 수동적 의란 인간이 의롭게 되는 것은 스스로 그러한 것이 아니라 신의 은총을 통해서만 가능하다는 것이다. 즉 인간이 죄를 짓고 부패하고 제한적인 존재라는 본질은 변함이 없으며, 이와 같은 한계를 인간의 능력으로는 어찌해 볼 도리가 없다는 것이다. 다만 신이 은총을 통해 그런 인간을 의롭다고 하는 것이 루터가 말하는 수동적 의였다.

루터의 만만치 않은 저항에 카예탄은 아무런 성과를 얻을 수 없었다. 이에 그는 선제후 프리드리히 3세에게 루터를 로마로 넘기거나 추방할 것을 요청하지만 이 역시 무시되었다. 이미 선제후는 루터가 자신을 위해서 여러모로 유용한 인물임을 잘 알고 있었기에 쉽게 그를 포기할 수 없었다. 일단 루터의 명성이 자신이 세운 비텐베르크대학에 적지 않은 도움이 되며, 아울러 교황청과 날선 공박을 하는 루터가 그에게 그리 나쁜 것만은 아니기도 했다. 선제후 역시 자신이 통치하는 지역의 자금이 면벌부 판매 대금으로 로마로 흘러 들어가는 것에 적지 않은 불만을 품고 있었기 때문이다.

모든 사람이 하느님의 사제다

1519년, 또 하나의 논쟁이 루터를 기다리고 있었다. 이번에는 비텐베르크에서 멀지 않은 라이프치히에서 벌어졌다. 이번 상대는 잉골슈타트대학의 교수였던 요하네스 에크였다. 에크는 비텐베르크와 라이프치히 사이의 경쟁적 관계를 이용해 논쟁의 장소를 선택했다. 장소 선정에서부터 에크라는 인물의 주도면밀함과 영민함과 정치적 감각을 읽을 수 있다. 에크는 루터로서도 만만치 않은 상대였다.

루터와 에크는 라이프치히의 플라이센부르크성(오늘날 이곳에는 라이프치히시청이 자리하고 있다)에서 교황의 수위권, 성서, 연옥, 참회 등을 주제로 열띤 논쟁을 이어 갔다. 교회 조직과 전통을 우선시한 에크에 맞서 루터는 변함없이 성서의 절대적 권위를 주장했고, 교황 제도는 인위적인 것으로서 신으로부터 기원한 것이 아니라고 선언했다. 그 와중에 루터는 개인의 구원을 위해서 굳이 교황의 수위권을 믿을 필요가 없다고 주장했는데, 이는 에크가 기다리고 있던 대답이었다. 왜냐하면 그와 같은 주장을 100년 전 이단으로 정죄받고 화형당한 후스가 했기 때문이다. 당연히 에크는 루터의 이 주장을 물고 늘어지면서 이단성을 부각하려 했다. 루터 역시 이를 눈치채기는 했지만 그렇다고 자신의 견해를 에크 앞에서 바꿀 수도 없는 일이었다. 결국 에크는 이를 토대로 루터를 교황주의에 반대하는 이단자로 낙인찍는 내용의 보고서를 작성했다.

당시 교황이었던 레오 10세는 에크의 보고서에 근거해 루터를 정죄하는 「주여 다시 일어나소서」라는 교서를 발표했다. 교서에는 60일 이내에 반교황주의적 발언을 취소하지 않으면 루터를 파문할 것이라는 내용이 담겨 있었다. 하지만 루터는 도리어 그 교서를 불

태우며 가톨릭의 교황주의에 거칠게 대항했다. 그러고는 미친 듯이 자신의 개혁적 생각을 세상에 내놓았는데, 그것이 바로 유명한 '종교개혁 3대 문서'다. 1520년에 발표한 이 세 개의 문서는 바로 「그리스도교 상황의 개선에 대해 독일 민족의 그리스도교 귀족에게 고함」, 「교회의 바빌론 억류에 대하여」, 「그리스도교도의 자유에 관하여」다.

「그리스도교 상황의 개선에 대해 독일 민족의 그리스도교 귀족에게 고함」은 루터의 유명한 '만인사제주의'를 담고 있다. 독일어로 작성한 이 글에서 루터는 교회의 개혁을 막고 있는 것을 '로마의 세 가지 성벽'이라는 은유로 설명했다. 그 첫 번째 성벽은 교황권이다. 당시에는 세속의 권력 위에 영적 권력, 즉 교황권이 있다고 생각했다. 그러나 루터는 이런 주장을 강하게 논박했다. 그는 교황권 우위라는 주장 자체가 근거가 없을 뿐만 아니라 세례를 받은 모든 사람은 다 사제가 될 수 있다고 힘주어 주장했다. 다만 직무에 따라 각자 해야 하는 역할과 일이 다를 뿐이다. 따라서 가톨릭교회의 위계적 직제는 성서에 반하는 것이 된다.

두 번째 성벽은 바로 성서 해석 권한이 오직 교황에게 있다는 생

라이프치히 논쟁이 벌어졌던 옛 플라이센부르크성

95개 논제의 여파로 루터는 하이델베르크, 아우크스부르크에 이어 라이프치히에서도 열띤 논쟁을 벌였다. 1519년 여름, 오늘날 라이프치히시청이 자리하고 있는 플라이센부르크성에서 그는 요하네스 에크와 맞붙었다. 그는 변함없이 성서의 절대적 권위를 주장했고, 교황 제도는 신으로부터 기원한 것이 아니라고 선언했다. 이에 에크는 루터를 교황주의에 반대하는 이단자로 낙인찍었다. 논쟁 이후 루터는 1539년까지 이곳 예배당에서 설교하는 것이 금지당했다.

각이다. 이에 대하여 루터는 성서적 근거(고린도전서 14장 30절)를 들며 모든 그리스도교인이 신의 가르침을 받아야 한다고 주장했다. 따라서 성서 해석의 독점권은 교황에게만 있는 것이 아니라 모든 신자에게 부여되어 있다고 보았다. 바로 모든 신자가 사제가 되기 때문이다.

세 번째 성벽은 공의회를 소집하고 결의를 이끄는 권한이 오로지 교황에게만 있다는 주장이다. 루터는 이러한 가톨릭교회의 주장에는 성서적 근거가 없다고 강력하게 지적했다. 차라리 공의회 소집권은 교황보다는 세속의 당국자가 관리하는 것이 더 타당하다고 주장했다.

이렇게 루터는 만인사제주의에 기초하여 교황에게 부여되었던 영적 신분의 우위성, 독점적 성서 해석권, 공의회 소집권을 모든 이에게로 돌렸고, 이를 통해 교회가 개혁될 수 있다고 보았다. 또한 이 글에서 루터는 결혼에 대한 견해도 피력했는데, 모든 이에게 자유로운 결혼을 보장해야 한다고 주장했다. 그러면서 사제의 결혼도 허락되어야 하고, 죽은 자의 미사는 폐지되어야 하며, 탁발 수도회의 구걸을 금지해야 한다는 등 매우 구체적이고 실제적인 개혁 방안을 제시했다.

라틴어로 작성한 「교회의 바빌론 억류에 대하여」에서는 가톨릭교회의 일곱 가지 성사의 문제점을 조목조목 지적했다. 제목에서 '바빌론 억류'라는 말을 쓴 것은, 옛날 이스라엘인들이 바빌론으로 끌려가 포로 생활을 하며 고초를 당했던 것처럼 그리스도교의 성례전이 가톨릭교회에 포로로 잡혀 있는 것과 같다고 상징적으로 표현

보름스의 루터광장에 서 있는 종교개혁의 주역들

루터의 종교개혁은 단순히 낡은 종교 제도를 타파하고 새로운 것을 일으켜 세운 운동이라기보다는 성서와 신앙의 세계에 대해 가톨릭이 독점하고 있던 해석권을 찾아오려고 한 일종의 해석학적 운동이었다. 그의 종교개혁이 있기까지는 여러 선구자들과 세속의 조력자들이 있었다. 보름스의 루터광장에는 그들을 기념한 동상이 세워져 있다. 가운데에 루터가 있고, 그 주위로 페트뤼스 발데스, 존 위클리프, 얀 후스, 지롤라모 사보나롤라, 작센의 선제후 프리드리히 3세, 요하네스 로이힐린, 필리프 멜란히톤, 헤센의 방백 필리프가 있다.

한 것이다. 루터는 일곱 가지 성사 중에서 오직 세례와 성만찬만 인정했고 나머지는 교회의 거룩한 의식에서 제외했다. 그리고 그 기준은 그리스도가 친히 제자들에게 말씀으로 명하신 것이었다.

「그리스도교도의 자유에 관하여」에서는 그리스도교도의 삶을 믿음과 사랑으로 정리했다. 믿음 안에서 신자는 신의 은총으로 자유를 만끽할 수 있으나, 동시에 사랑으로 이웃을 섬겨야 한다고 말했다.

루터가 제시한 종교개혁의 의미는 무엇일까? 우선 종교개혁이라는 단어를 살펴보자. 흥미로운 사실은 서구에서 사용하는 이 말에 정작 '종교'라는 단어는 찾아볼 수 없다는 점이다. 그냥 '개혁the Reformation'이라고 쓴다. 그런데 이 단어가 '갱신'을 뜻하는 일반 단어와 혼용되다 보니 최근에는 '개신교'라는 단어를 앞에 덧붙여 'Protestant Reformation'으로 쓰기도 한다.

흔히 '개혁'이라고 하면 낡고 부패한 무엇을 물리적으로 바꾸는 것을 떠올린다. 그래서 루터의 종교개혁도 '종교 조직 개선'으로 여기는 경우가 많다. 이런 맥락에서 종교개혁을 '가톨릭'이라는 낡은 제도를 타파하고 '프로테스탄트'라는 새로운 것을 일으켜 세운 것으로 간주한다. 하지만 루터가 개혁하려고 한 것은 종교라는 '제도'가 아니었다. 루터 시대의 '종교religio'라는 단어는 지금 우리가 사용하는 용례와는 사뭇 달랐다. 어떻게 달랐을까? 이를 이해하기 위해서는 종교학자 윌프레드 캔트웰 스미스의 설명을 들어 볼 필요가 있다.

오늘날 종교라는 단어는 오랜 세월을 지나며 조직과 제도, 그리고 실체의 옷을 입게 되었다. 이를 캔트웰 스미스는 종교라는 단어의 '물상화'라고 보았다. 그의 분석에 따르면 서구에서 종교라는 단어는 세월이 흘러감에 따라 마치 사물처럼 객관적으로 관찰되는 성질의 것으로 왜곡되어 갔다. 애초 종교는 개인의 '내면적 경건'을 지칭하는 단어였는데 점차 그러한 의미는 희미해져 가고 사람들 눈에 보이는 실체처럼 인식되어 갔다. 그 결과 종교 하면 유교, 불교, 도교, 그리스도교 등 개별 종교'들'을 떠올리게 되었다. 마치 레고라는 장난감의 여러 블록처럼 따로 존재하며 자신의 영역을 유지하는 구체적인 실체'들'로서 종교를 바라보게 되었다. 이처럼 지금 종교라는 말은 아무 의심 없이 복수로 인식되고 또 사용되고 있다.

하지만 루터가 사용한 종교라는 말은 지금 우리가 사용하는 것처럼 실체적 조직이라기보다는 경건함, 믿음, 신앙, 신실함에 가까웠다. 이런 용례의 변천 과정을 충분히 이해하고 종교개혁을 바라본다면 우리는 새로운 모습의 개혁 운동을 읽을 수 있게 된다. 즉 루터는 이 운동을 통해 그리스도교의 조직을 개선하고 바꾸려 했던 것이 아니라 신의 임재와 은총, 그리고 구원에 대한 기존 교회의 믿음을 새롭게 이해하려고 했다. 즉 그의 작업은 신앙적 언명에 대한 '해석'을 바꾸려 한 것이다. 루터는 그것이 성서에 기반을 둔 것이며, 초기 교회 공동체로 돌아가는 것이라고 확신했다. 이런 맥락에서 종교개혁은 일종의 해석학적 운동이며, 그렇게 루터는 당시 가톨릭이 독점한 성서와 신앙적 세계에 대한 해석권을 찾아오려 했다! 그렇게 되찾아 온 해석권으로 루터는 다시 초대교회의 영성으로 돌아가고자 했다. 그는 그렇게 자기 시대의 제도화된 교회를 넘어서고자 했다.

오리지널 경전에 대한 주해를 통해 기존 제도권의 장벽을 넘으려 했다는 점에서 루터와 송나라 주희는 많이 닮았다. 물론 두 사람은 너무도 다른 시대와 문화권에서 살았지만 모두 개혁 운동의 선두에 섰고, 그 원동력을 경전 주해에서 찾았다는 점에서 많이 닮았다. 루터에게는 성서가 그 힘의 원천이었다. 주희 역시 경전을 주해하면서도 경전 자체를 스스로 편집했다는 점에서 다른 모습을 보였다.

루터는 새로운 경전을 편집할 이유가 없었다. 이미 기존의 성서가 완전한 모습으로 자리 잡고 있었기 때문이다. 루터에게 필요한 것은 원문으로 기록된 완전한 형태의 성서였다. 그래서 그리스어와 히브리어로 된 성서를 읽으며 세속의 그 무엇으로도 구애받지 않는 자신만의 신앙적 근거를 획득해 냈다.

반면 주희에게는 새로운 경전이 필요했다. 왜냐하면 기존의 오경(『시경』, 『서경』, 『역경』, 『춘추』, 『예기』로 구성되어 있다)은 관료 계급에 의해 독점되고 있었기에 그들의 견고한 카르텔을 깨기 위해서는 새로운 문헌적 근거가 필요했기 때문이다. 그때 주희가 시도한 것이 바로 사서 편찬이었다. 사서란 공자의 언행을 묶은 『논어』와 맹자가 남긴 『맹자』, 그리고 오경의 『예기』에 속해 있던 『대학』과 『중용』을 독립된 책으로 편집하여 만든 네 권의 책을 말한다. 주희는 이 문헌의 장과 구를 나누고 주석을 붙여서 일종의 해석학적 운동을 일으켰다. 이를 '주희의 사서 운동'이라 일컫는다.

그런데 주희는 왜 이런 해석학적 운동을 시도했을까? 당시 유교

책 읽기를 통한 혁명을 이끈 또 다른 주역인 주희

루터의 종교개혁은 바로 성서 읽기에서 시작되었다. 남송의 주희 역시 루터와는 전혀 다른 시공간을 살았지만 오리지널 경전에 대한 주해를 통해 혁명적 변화를 가져온 대표적 인물이다. 두 사람은 누군가 알려 준 내용을 의심 없이 받아들이지 않고 경전을 직접 읽으면서 새로운 가치를 확립했고, 초기의 정신으로 돌아가자고 공통적으로 외쳤다.

경전은 대부분 과거를 준비하기 위한 일종의 수험서였고, 그 성격은 세상 경영과 처세에 관한 것이었다. 이때 주희가 분연히 일어나 지식인들의 학문적 목마름을 충족시켜 주었으니, 그가 선택한 방법은 처세학으로 한정되어 있던 유가 문헌의 영역을 확장하는 것이었다. 이에 주희는 『예기』에서 『대학』과 『중용』이라는 장을 독립시켜 당시 남송을 지배하고 있던 불교와 도교의 경전에 버금가는 문헌으로 만드는 작업을 하게 되었다. 이는 기존의 유교적 처세학에 형이상학적 설명을 더한 것이다. 주희의 이 작업은 성공리에 마무리되었고, 그는 여기에 기존의 공자와 맹자의 문헌을 더하여 사서라는 새로운 새로운 카테고리를 만들었다.

주희의 사서 운동은 신흥 사대부 계층으로 불붙듯 번져 가며 수많은 유교적 지식인을 만들어 냈다. 사서 운동을 통해 "다시 공맹으로!"를 슬로건 삼아 단결된 대오를 보이기 시작한 신흥 사대부들은 당시 귀족 중심의 정치를 이어 가던 남송에 큰 저항 세력이 되었고, 주희는 그들의 대표 격으로 끊임없이 남송 지배층에 반기를 들었다.

루터 역시 기존 교회를 중심으로 형성되어 있는 절대 왕정 구조를 성서에 근거한 칭의론으로 혁파했다는 점에서 주희와 많이 닮았다. 루터에 따르면 '의'라는 것은 인간이 노력해서 얻는 결과가 아니라 신이 값없이 주는 은총의 선물이다. 이는 기존의 견고한 교회라는 조직과 거기에 기생하는 사제와 귀족 계급의 카르텔을 흔들 수 있는 강력한 파괴력을 가진 주장이었다. 왜냐하면 교회나 영주, 황제라 하더라도 신보다 높이 올라갈 수는 없었기 때문이다. 루터의 눈에 구원과 신앙의 문제는 신과의 관계에서 이루어지는 신비한 영역에 속한 것이지 교회나 세속의 왕권이 개입할 수 있는 것이 아니었다. 루터는 이 근거를 세속이나 전통이나 교회의 직제에 두지 않고 신의 계시를 담고 있는 성서에 두었다. 그리고 이를 통해 그는 초기 그리스도교 신앙으로 돌아갈 수 있다고 믿었다. 주희 또한 자신의 사서 운동을 통해 공자와 맹자의 시대로 돌아갈 수 있다고 보았고, 그 성현의 지혜를 실현함으로써 세상을 제대로 경영할 수 있다고 믿었다.

칭의론과 더불어 루터의 종교개혁에서 핵심을 이루는 사상은 만인사제주의다. 이것은 인간과 신의 은총을 매개해 주는 계급이 따로 존재하지 않는다는 선언이다. 즉 누구든 신 앞에 나아가 기도할 수 있고, 순전한 믿음에 의지해 신의 은총에 참여할 수 있다는 것이다. 루터의 이 선언은 그동안 교회 내에 견고하게 똬리를 틀고 있던 사제와 평신도의 구별을 해체하며, 더 나아가 사회 시스템에 민주적 요소를 확산하는 데 주요한 전환점이 되었다.

교회 안에서 차별은 있을 수 없다. 모든 신자는 같은 자격의 그리스도인일 따름이다. 성직자과 평신도라는 구분은 존재하지 않는다. 신 앞에 신앙의 급수저란 성립하지 않는다. 신 앞에 만인은 평등하며, 구원의 가능성 역시 모두에게 동등하다. 각자의 능력과 역할에 따라 직분은 달라질 수 있겠지만 그것이 곧 교회 내 본질적 계급은 될 수 없다고 루터는 강변했다. 따라서 더는 교회 내 특별히 구분되는 성직이란 존재할 수 없다. 모든 이가 신의 '소명Berufung'을 받고 있다. 그래서 자신과 이웃에게 유익이 되는 직업을 수행하는 모든

Die Vierzehende Figur.
X.
VNd ich sahe einen an
dern starcken Engel
vom Himel herab ko
men / der war mit ei
ner Wolcken beklei
det/vnd ein Regenbo
gē auff seinem Heubt
vnd sein Andlitz / wie die Sonne/ vnd
seine Füsse/ wie die Feurpfeiler. Vnd
er hatte in seiner Hand ein Büchlein
auffgethan / vnd er setzt seinen rechten
Fus auff das Meer / vnd den Lincken
auff die Erden/vnd er schrey mit lau
ter stimme/wie ein Lewe brüllet. Vnd
da er schrey/ redeten sieben Donner jre
stimme.
Das ist der Römisch Bapst im geistlichen wesen.
Bapst.

이가 신이 주신 소명을 감당하고 있다.

흔히 루터 종교개혁의 사상적 꽃을 칭의론이라 하지만 현실 세계에 끼친 영향으로 따지면 만인사제주의를 거론하지 않을 수 없다. 물론 루터가 분명한 정치적 목적을 가지고 이 주장을 펼친 것은 아니지만 이후 만인사제주의는 서구식 개인주의와 민주제 도입에 적지 않은 영향을 주었다.

이렇게 300여 년의 시간적 차이가 있고 문화적 환경과 기반도 다르기는 하지만 루터와 주희는 많은 점에서 닮았다. 독서를 통해 새로운 가치관을 확립했고, 거기서 멈추지 않고 지식의 확장을 역시 독서 운동을 통해 이어 갔으며, 초기 공동체로 돌아가자는 구호를 공통적으로 외쳤고, 결국 그것을 통해 당시 유럽과 중국에 큰 사회적 변화를 가져왔다. 책 읽기가 가져온 혁명. 루터와 주희는 그렇게 묘하게 겹친다. 이처럼 생각보다 문자라는 기호로 이루어진 물건이 인간에게 끼친 영향은 지대하다. 이렇게 '읽힐 수 있는 글'을 '쓰는' 이가 세상을 바꾼다! 이런 맥락에서 루터의 종교개혁은 달리 표현해 독서 혁명이라 할 수 있다. 쉽게 번역된 성서를 펴내어 누구든 읽게 함으로써 종교개혁은 성공할 수 있었다. 그것은 결국 독서를 통한 소통의 승리다.

1540년에 찍은 루터의 성서

루터가 독일어로 번역한 성서는 어떤 칼과 창보다도 더 강력하고 무섭게 중세를 받치고 있던 지반을 흔들어 놓았다. 누구나 읽고 이해할 수 있는 성서를 발간함으로써 가톨릭이 오랫동안 독점해 온 성서에 대한 해석권을 허물어뜨렸을 뿐만 아니라, 민중 사이에 독서 열풍을 불러일으켰으며, 표준 독일어 확립과 독일 민족주의 형성에도 지대한 영향을 끼쳤다.

개혁의 또 다른 속내

루터의 생애를 살펴보면 그는 참 올곧은 신자였다. 자신이 믿고 의지하는 바를 충실히 지키려고 했고, 적어도 신에 대한 믿음과 사랑을 포기하지 않으려고 몸부림치는 철두철미한 신앙인을 우리는 만나게 된다. 종교개혁이라는 엄청난 사회적 파고 앞에서도 이러한 그의 태도는 쉬 바뀌지 않았다. 하지만 그렇다고 루터를 둘러싼 모든 이들이 다 그와 같았던 것은 아니다. 여기서는 루터를 앞세운 이들의 의도를 살펴봄으로써 개혁의 또 다른 속내를 짚어 보자.

루터가 강력한 교황의 권력에 맞설 수 있었던 가장 큰 이유는 지역의 지배자들이 그를 도왔기 때문이다. 대표적으로 작센의 선제후 프리드리히 3세 같은 이를 들 수 있다. 프리드리히 3세는 당시 여러 귀족과 왕족이 그랬듯이 수많은 성물을 수집하고 있었다. 이는 성물 숭배 때문에 생겨난 중세의 신앙 관습이었다. 성물 숭배는 성인의 유해나 유물에는 신성한 힘이 있다는 믿음에서 비롯되었다.

사실 성물 숭배가 성행하게 된 데는 당시 종교인들의 지적 수준이 높지 않았다는 이유도 있었다. 라틴어를 이해하지 못하는 이가 인구의 95퍼센트에 달했고, 식자층조차도 아리스토텔레스의 철학으로 해석되어 재구성된 그리스도교의 세련된 신학을 즉시 파악하여 설명하기가 쉽지 않았으며, 그리고 아무리 그 내용을 쉽게 포장했다고 해도 제대로 교육받지 못한 일반 신자는 단번에 이해할 수 없었다. 그런 상황에서 성물은 신앙을 자극하는 매개라는 점에서 좋은 선택지였다.

작센의 선제후 프리드리히 3세

루터의 종교개혁이 성공할 수 있었던 데는 세속의 막강한 권력의 조력도 한몫했다. 그중 가장 먼저 꼽아야 할 인물이 작센의 선제후 프리드리히 3세다. 그는 비텐베르크대학을 세우고 루터를 교수로 임명했을 뿐만 아니라, 보름스회의 이후 루터가 제국에서 추방당했을 때 그를 납치하여 바르트부르크성에 피신시키기도 했다. 선제후는 면벌부 판매로 막대한 금액이 이탈리아로 흘러 들어가는 것에 분노했다. 이에 교황주의에 반기를 든 루터를 보호함으로써 자신의 실익을 지키려 했다.

이에 많은 귀족과 교회가 갖가지 성물 수집에 열을 올렸고, 그렇게 갖추어 놓은 성물을 보기 위해 중세 유럽인은 이 교회 저 교회, 이 지역 저 지역을 찾아 순례 여행을 했다. 이는 결국 경제 문제와 연결되었는데, 사람이 움직이는 곳에 돈도 함께 따라다니기 때문이다. 그래서 지역의 지배자들은 될 수 있는 대로 많은 성물을 수집하여 자신의 관할권에 많은 순례객이 찾아오도록 했다. 특히 프리드리히 3세는 성물 수집 경쟁에서 선두권에 있었다. 많은 이들이 그가 수집한 성물을 보기 위해 비텐베르크로 모여들었다. 이 모든 것이 선제후의 수입으로 이어졌다.

그런데 면벌부라는 변수가 등장했다. 어떤 점에서 면벌부는 성물의 강력한 대체물이었다. 사람들이 성물에 집착한 것은 그것을 보고 참배하는 것으로도 사면의 효과가 있다고 믿었기 때문이다. 그런데 면벌부는 그것을 더 간단하고 편하게 처리해 주었다. 성물을 찾아 멀리 이동할 필요도 없고, 또한 숙소를 찾지 않아도 된다. 그저 자신의 거주지에서 얼마의 현찰을 지급하면 곧바로 발행되는 면벌부가 자신과 가족들이 받아야만 하는 형벌을 사해 준다고 하니 이 얼마나 달콤한 말인가.

프리드리히 3세가 분노한 지점이 바로 여기다. 면벌부가 많이 팔리면 팔릴수록 자신의 실제 수입이 줄어드는 것이다. 그리고 독일 지역에서 나온 막대한 자금이 로마가 있는 이탈리아로 흘러 들어가는 것도 선제후에게는 기분 좋은 일일 수 없었다. 이런 상황에서 교황의 수위권을 인정하지 않고, 심지어 면벌부마저 휴짓조각에 지나지 않는다고 주장하는 루터가 선제후에게는 얼마나 고마운 존재였겠는가. 따라서 프리드리히 3세는 루터를 두둔하고 그를 지킬 수밖에 없었다. 그는 루터의 '믿음'을 지킨 것이 아니라 그를 보호함으로써 얻게 되는 자신의 '실익'을 지킨 셈이다.

영주들도 종교개혁의 조력자들이다. 그 배경으로는 중세 말기 정치적 환경의 변화를 꼽을 수 있다. 막강했던 교회 권력이 분열의 시기를 지나며 쇠약해졌고, 그 자리를 세속 왕권이 차지하기 시작했다. 독일은 수백 개의 크고 작은 공국과 영지가 세속의 권력을 나누고 있었기에 지역의 지배자들은 자신의 권력을 강화하기 위해서는 무슨 일이라도 할 태세였다. 이때 그들의 눈에 들어온 것이 바로 교회의 재산이었다. 정치 권력을 강화하기 위해서는 무엇보다 자금이 필요했는데, 주민으로부터 더 뜯어낼 것이 없는 상황에서 교회의 토지는 그들에게 훌륭한 먹잇감이었다. 하지만 서슬 퍼런 교황청의 감시가 신경 쓰였다. 단일한 종교 체제 아래 연결된 교회를 아무리 지역의 지배자라도 함부로 할 수 없었기 때문이다. 그런데 이들 사이에 균열이 생긴다면? 그러면 지배자의 영향력이 개입될 여지가 생길 수 있는 것이다.

바로 그때 혜성처럼 등장한 이가 루터다. 독일의 크고 작은 지역의 지배자들 중 루터를 지지하는 이들이 나타나기 시작했고, 결국 그들의 도움으로 루터는 강력한 황제와 교황의 위협에서도 목숨을 부지할 수 있었다. 결국 1555년 아우크스부르크 화의를 통해 개신교 포교의 자유를 보장받기에 이르렀다.

하지만 이 화의의 결의안은 개인에게 종교 선택의 자유를 보장한 것이 아니다. 결의안은 "영주의 종교가 그 지역의 종교다"라는 말로 결론을 내렸는데, 이는 해당 지역의 종교는 그곳의 지배자가 결정한다는 것이었다. 즉 종교 선택권이 개인이 아니라 정치 지배자에게 있음을 뜻한다. 따라서 자유로운 신앙 선택은 아직 요원한 일이었다. 재주는 루터가 부리고 실익은 지역의 지배자가 챙겨 가는 모순적 구조의 결말이 나온 것이다. 그리고 실제 당시 개신교가 승리한 지역에서는 교회의 토지가 세속화되는 경우가 적지 않았다. 이는 종교개혁이 순전히 종교와 신앙의 영역에서만 이루어진 것이 아니라는 것을 단적으로 보여 주는 예다. 이것이 겉으로는 잘 드러나지 않지만 짚고 넘어가야 할 개혁의 또 다른 속내다.

종교개혁의 정신을 찾아서

비텐베르크는 루터가 가장 오래 살았던 곳이다. 1511년에 이곳에 정착하여 1546년 죽을 때까지 머물렀으니, 35년을 이곳에서 살았다. 그만큼 이곳은 루터의 흔적을 많이 품고 있다. 우선 도심에 자리한 루터의 집이 눈에 들어온다. 본디 이곳은 아우구스티누스수도원이었다. 루터는 1508년부터 이곳의 수도사로 지냈다. 그러다가 1525년에 그가 수녀 출신의 카타리나 폰 보라와 결혼했을 때 작센의 선제후가 이 건물을 혼인 선물로 증여했다. 루터는 죽을 때까지 이 건물에서 살았다.

건물의 규모는 한 가족이 살기에는 과분할 정도로 상당히 크다. 지하 1층 지상 3층의 구조에 원래 40여 개의 방으로 이루어진 이 건

비텐베르크에 있는 루터의 집

비텐베르크 도심에 있는 루터의 집은 본래 아우구스티누스 엄수파 수도원이었던 것을 루터가 결혼할 때 선제후 프리드리히 3세가 하사한 것이다. 루터 부부와 여섯 명의 자녀가 살기에도 너무 큰 이곳은 루터와 종교개혁을 함께하는 동지들의 사랑방으로 자주 이용되었다. 현재는 종교개혁운동을 기념하는 박물관으로 운영되고 있다.

물은 지금은 완전히 개조되어 루터와 그의 개혁 운동을 기념하는 박물관으로 꾸며져 있다. 여기서 무엇보다 눈에 띈 것은 루터의 설교대였다. 이는 본디 성마리아시립교회의 소장품인데, 종교개혁 500주년을 기념하여 지금은 루터의 집에서 대여 전시하고 있었다. 루터는 이 설교대에서 무려 2000편이 넘는 설교를 했다.

루터가 지인이나 제자 들과 어울려 함께 식사한 장소도 눈에 띄었다. 바로 이곳에서 루터의 유명한 『탁상담화』가 만들어졌다. 루터는 말하기를 좋아하는 능변가였다. 그의 말은 식사 중에도 멈추지 않았다. 선생의 말 한마디 한마디 소홀히 대하지 않고 꼼꼼히 받아 적은 제자들 덕분에 루터 사상의 핵심을 엿볼 수 있는 『탁상담화』가 태어났다. 그런데 루터의 제자들은 그 정도로 선생에게 집중해야 할 책무를 가지고 있기도 했다. 사람을 좋아하고 배포도 큰 루터 덕분에 많은 제자들이 그의 집에서 하숙비 없이 지낼 수 있었기 때문이다. 공짜로 먹고 잘 수 있었으니 그런 혜택을 주는 스승에게 집중하는 것은 당연했으리라.

이 때문에 바빠지고 힘들어진 사람은 루터의 아내 카트리나였다. 카트리나는 적지 않게 들어가는 식재료를 얻기 위해 정원에 각종 식물과 가축을 키웠으며, 그래도 생활비가 부족할 때는 몰래 제자들에게 일정 금액을 요구하는 등 풍운의 개혁가 루터를 돕기 위해 최선을 다했다. 루터의 집에서는 그런 카트리나의 흔적도 여기저기에서 찾아볼 수 있다. 우선 루터의 집 정원에 설치된 카트리나의 동상이 인상적이다. 힘차게 앞을 향하여 나가는 그 모습은 루터의 개혁 운동에서 그가 얼마나 중요한 역할을 했는지 가늠하게 해 준다.

성마리아시립교회의 제단화

비텐베르크 시청광장 옆에 있는 성마리아시립교회는 종교개혁의 심장부 역할을 한 곳으로, 루터는 이곳에서 수많은 설교를 했다. 여기서 가장 인상 깊은 것은 제단 위에 걸려 있는 그림으로, 루터가 강조한 신앙의 핵심이 무엇인지 잘 보여 준다. 세 폭으로 된 윗부분은 세례와 성만찬과 고해성사를, 한 폭으로 된 아랫부분은 십자가에 매달린 예수를 중심으로 설교를 하고 있는 루터와 청중을 담고 있다. 루카스 크라나흐가 1539년에 시작하여 그의 아들이 1547년에 완성한 것이다.

루터의 집을 지나 앞쪽으로 나아가면 시청광장이 한눈에 들어온다. 널찍한 광장에 시청이 자리하고 있고, 바로 그 옆에 성마리아시립교회가 서 있다. 여러 가지 점에서 성마리아시립교회는 종교개혁의 심장부 역할을 톡톡히 해냈다. 루터는 이곳에서 평생 2000번 이상 설교했고, 루터교회 첫 목사 안수식도 바로 이곳에서 행해졌다.

성마리아시립교회는 비텐베르크성교회와 비교하면 조금 소박하게 꾸며져 있지만 정갈하고 단정한 것이 종교적 영성을 자극하기에 모자람이 없어 보였다. 평일인데도 꾸준히 관광객이 찾고 있었는데, 무엇보다도 인상 깊은 것은 예배당 제단 위에 걸려 있는 그림이다. 이 작품은 루터를 지지하며 종교개혁운동의 후원자 역할을 마다하지 않던 루카스 크라나흐와 그의 아들이 함께 그린 것이다. 1547년에 완성한 이 그림은 두 부분으로 나누어져 있는데, 윗부분은 세례와 성만찬과 고해성사를 담고 있다. 이는 가톨릭의 칠성사와 달리 세례와 성만찬을 강조한 개신교의 새로운 예배 형식을 강조한 것이다. 그리고 아랫부분에는 십자가에 달린 예수의 모습이 가운데 위치하고 그를 지목하며 설교하는 루터의 모습과 청중이 그려져 있다. 이는 종교개혁이 주장하는 신앙의 핵심이 무엇인지를 정확히 보여 준다.

성마리아시립교회와 달리 비텐베르크성교회는 높게 솟아오른 망루형 탑이 인상적이다. 내부도 화려한 치장보다는 절제되었지만 웅장함을 잃지 않고 높게 올라간 천장이 종교개혁의 기상을 드러내는 듯하다. 곳곳에 보이는 루터의 표식, 그와 관련된 조각, 그리고 그의 무덤까지 한마디로 비텐베르크성교회는 루터에 의한, 루터를 위한, 루터의 예배당이었다.

비텐베르크성교회와 루터의 집 사이에는 루터의 개혁 동지로 평생을 함께한 멜란히톤을 기념하는 박물관이 있다. 멜란히톤은 이곳에서 살았고, 또한 숨을 거두었다. 그는 뛰어난 고전어 학자이자 신학자로서 루터의 종교개혁운동에서 빼놓을 수 없는 인물이다. 그도 역시 비텐베르크대학의 교수였고, 그가 1521년에 쓴 『신학 총론』은 개신교 최초의 조직신학 저술로도 유명하다. 작은 키에 뛰어난 헬라어 실력으로 이름 높았던 멜란히톤은 평생 목사 안수를 받지 않은 것으로도 유명하다. 안수를 받지 않았으니 당연히 설교단에도 오르지 않았다. 평생 교수로서 가르치고 연구하는 일에 집중했고, 그 연장선상에서 종교개혁의 정신을 신학적으로 정리하는 것을 자신의 평생 과업으로 삼았다. 3층으로 이루어진 그의 박물관은 소박하게 꾸며져 있었다. 1층에는 부엌과 식당이, 2층에는 서재와 거실와 그가 죽었다고 알려진 방이 공개되어 있었고, 3층에는 학생들을 위한 방과 교실이 전시되어 있었다. 비텐베르크는 이렇게 종교개혁을 상징하는 두 거인의 삶과 죽음을 온전히 간직하고 있었다.

루터의 사람들

레오 10세(재위 1513~1521)
루터 당시의 로마 가톨릭 교황으로, 베드로대성전의 건축 기금을 마련하기 위해 면벌부 판매를 승인함으로써 종교개혁이 일어나게 했다. 피렌체의 명문 메디치가 출신으로, 그의 사치스러운 생활 태도는 많은 이들에게 지탄의 대상이 되기도 했다.

루카스 크라나흐(1472~1553)
독일의 저명한 화가로 비텐베르크에 거주했으며, 루터의 든든한 후원자로 종교개혁을 열렬히 지지했다. 그는 루터의 초상화도 많이 남겼으며, 루터가 번역한 독일어 성서에도 여러 점의 삽화를 그려 넣기도 했다. 루터의 아내인 카타리나가 처녀 시절 그의 집에서 일을 도우며 생계를 꾸렸을 정도로 루터가와 인연이 깊다.

요하네스 폰 슈타우피츠(1460~1524)
루터의 선생이자 후원자다. 귀족 출신으로 대학 교육을 마친 뒤 아우구스티누스수도회에 입회했다. 나중에 루터도 이 수도원에 들어옴으로써 두 사람은 사제 관계를 맺었다. 비텐베르크대학 설립에도 관여했고, 자신의 후임으로 루터를 추천하기도 했다. 하지만 그는 철저히 로마 가톨릭 신학을 수호했고, 결국 이 때문에 루터와는 결별하기에 이르렀다.

레오 10세.

요하네스 폰 슈타우피츠.

울리히 츠빙글리(1484~1531)

스위스의 종교개혁가로, 루터와 마찬가지로 성서의 절대 권위를 강조했다. 하지만 성찬에 대한 논의에서 루터와는 다른 견해를 보였다. 루터는 성찬, 즉 떡과 포도주는 물질이며 동시에 예수의 참된 살과 피를 임재하고 있다는 공재설을 주장한 반면, 츠빙글리는 성찬은 단지 신의 은혜를 상징하는 것으로서 "이것은 내 몸"이라는 성서의 글귀는 문학적 수사로 보아야 한다고 주장했다.

카타리나 폰 보라(1499~1552)

수녀 출신으로, 종교개혁을 주도한 루터와 결혼했다. 어린 시절 수녀원에 입회했고 열여섯 살 때 종신 서약을 하여 정식 수녀가 되었다. 스물다섯 살 때 종교개혁가의 글을 접한 뒤 동료들과 함께 수녀원을 탈출하여 루터가 머물던 비텐베르크에 안착했다. 그곳에서 루터와 결혼했고, 슬하에 여섯 명의 자녀를 두었다. 머리 회전이 빠르고 생활력이 강하여 개혁가 루터의 든든한 후원자이자 동료가 되어 주었다.

울리히 츠빙글리.

카타리나 폰 보라.

안드레아스 카르슈타트

필리프 멜란히톤.

안드레아스 카를슈타트(1486~1541)

루터와 함께 비텐베르크대학의 신학부 교수로 활동했다. 루터의 개혁 사상을 적극적으로 지지했고, 루터가 바르트부르크성에 숨어 지낼 때 비텐베르크 종교개혁운동의 최전선에서 활약했다. 루터보다 더 철저하게 개혁 정신을 행동으로 옮긴 카를슈타트는 가톨릭식의 미사를 폐지하고, 성상을 철폐했으며, 평신도들 스스로 직접 성찬을 나누게 하는 등 당시로서는 매우 파격적인 운동을 펼쳤다. 또한 개혁가로서는 처음으로 결혼을 했다. 하지만 이런 과격한 모습은 동지들의 불안감을 자극했고, 결국 작센의 선제후에 의해 추방당하기에 이르렀다.

프리드리히 3세(재위 1486~1525)

문화와 교양이 풍부하고 현명하다 해서 현공賢公 프리드리히로 불리기도 했다. 자신이 머물던 비텐베르크에 대학을 세우고 루터를 그곳의 교수로 임명했다. 루터의 종교개혁을 지원했고, 황제 카를 5세가 소집한 보름스회의 이후 위험해 처한 루터를 바르트부르크성으로 피신시킨 장본인이기도 하다. 그는 성물 수집을 통해 비텐베르크를 문화의 중심지로 만들고자 했으나 바티칸의 무분별한 면벌부 판매가 그의 계획에 도움이 되지 않는다고 판단했다. 이는 그가 가톨릭 신자이면서도 루터의 종교개혁을 후원하는 이유가 되었다.

필리프 멜란히톤(1497~1560)

루터의 동료 교수이자 개혁 운동의 동지다. 탁월한 고전어 실력으로 루터의 성서 번역에도 큰 도움을 주었으며, 스물한 살의 나이에 비텐베르크대학의 그리스어 교수로 청빙되었다. 신학자이자 개혁가의 삶을 살았지만 정작 그 자신은 평신도 신분이었다. 개신교 신학의 기본이 되는『신학 총론』과『아우구스티누스 신앙 고백서』를 저술했다. 그의 치밀하고 논리적인 성향은 종교개혁의 신학을 체계화하여 정리하는 데 큰 도움이 되었고, 루터가 세상을 뜬 뒤에는 종교개혁의 주도자로서 소임을 다했다.

04

MARTIN LUTHER

위대한 독서 혁명

밖으로 나가 가정의 아낙네들, 거리의 아이들, 시장의 보통 사람들에게 말을 걸어 보아야 한다. 그들이 어떻게 말하는지 잘 보았다가 그런 식으로 번역해야 한다. 그래야 그들이 내 말을 이해할 수 있고 내가 자기들에게 독일어로 말하고 있다는 사실을 깨닫게 될 것이다.

— 제임스 레스턴, 『루터의 밧모섬』, 187쪽

보름스로 소환되다

이제 우리는 루터가 신약성서를 번역한 곳으로 유명한 바르트부르크성을 찾아갈 차례다. 아이제나흐 여행의 백미라고 할 수 있는 이 성은 본래 요새로 지어졌고, 성 엘리자베트의 이야기로 유명한 곳이기도 하다. 헝가리 출신의 귀족인 엘리자베트는 어린 나이에 이곳으로 시집을 왔는데, 남편이 전장에서 죽자 루터와 츠빙글리가 성만찬 논쟁을 벌인 곳이기도 한 마르부르크로 옮겨 갔다. 그곳에서 그는 병들고 가난한 이들을 위해 헌신적 삶을 살다 젊은 나이에 죽고 말았다. 마르부르크에서는 그의 고고한 삶을 기리기 위하여 1235년에 엘리자베트교회를 세웠고, 이곳 바르트부르크성에서도 그의 삶을 그림으로 그려 놓았다. 이렇게 루터와 바르트부르크와 마르부르크는 엘리자베트라는 역사적 인물을 고리로 이어지고 있었다.

아이제나흐 시내에서 바르트부르크성까지는 자동차로 대략 15분

루터가 숨어 지냈던 바르트부르크성

보름스회의에서 황제에게 심문을 받은 루터가 자신의 견해를 철회하지 않자 그에게 제국 추방령이 내려졌다. 이에 루터의 신변을 걱정한 선제후 프리드리히 3세는 바트리벤슈타인의 알텐슈타인성 근처 숲에서 그를 납치하여 곧바로 바르트부르크성에 피신시켰다.

에서 20분 정도 걸린다. 시내에서 바르트부르크성으로 가는 거리는 드라이브를 하기에도 적격이다. 울창한 숲으로 이루어진 도로를 뚫고 루터의 성을 찾아가는 재미가 쏠쏠하다. 바르트부르크성 입구에 도착하면 차를 세우고 성까지 걸어서 가든지, 아니면 소액의 운임을 내고 작은 승합차를 이용해야 한다. 시간이 넉넉하면 걸으면서 숲의 건강함을 느끼는 것도 좋을 것이다.

루터는 인적이 드물고 대낮에도 삼림으로 우거져 어두컴컴한 이 작은 성에서 무려 10개월을 버티며 신약성서 번역에 집중했다. 이것은 위대한 독서 혁명의 시작을 알리는 사건이었다. 그는 어떻게 이 작고 외로운 요새 안으로 숨어들어야만 했을까? 이 사정을 알려면 먼저 신성로마제국의 황제가 신교 세력을 탄압할 목적으로 연 보름스회의를 살펴보아야 한다.

면벌부에 항거하는 95개 논제를 발표한 뒤 루터는 분주한 나날을 보냈다. 여기저기에서 그를 불렀고, 그때마다 그는 면벌부를 반대하는 자신의 주장을 반복해야만 했다. 그러다가 1521년에 그의 삶에서 큰 전환점이 되는 계기를 만났다. 바로 신성로마제국 황제인 카를 5세가 소집한 보름스회의가 그것이다.

카를 5세는 할아버지인 막시밀리안 1세가 서거한 뒤 1519년 6월 28일에 신성로마제국의 황제가 되었다. 정치적으로 그의 위세는 대단해서 당시 프랑스와 영국을 제외한 유럽 대부분과 아메리카 대륙의 일부까지 정복하여 거대한 제국을 통치자로 호령하고 있었다. 그는 막강하고 단일한 그리스도교 보편 국가를 꿈꾸었고, 자신이 지배하고 있는 영토 안에서 서로 다른 목소리가 충돌하는 것을 원하지 않았다. 따라서 그는 루터를 따르는 신교 세력이 커 가는 것을 못마땅하게 여기고 있었다. 어떤 식으로든 이 갈등을 가라앉히고 다시 하나의 신앙과 단일한 교회 제도로 대오를 갖추고 싶어 했다. 그래서 그는 독일 지역에서 널리 퍼지고 있던 신교 세력을 정리하고자 1521년 3월 29일 보름스회의에 루터를 소환할 것을 명했다.

사실 루터는 1521년 1월 3일에 이미 교회로부터 파문당한 상태였다. 따라서 보름스회의에 루터를 소환하여 그에게 소명의 기회를 준 것은 젊은 황제의 배려였다고도 할 수 있다. 이는 카를 5세가 당시 가톨릭의 개혁적 사제에게 교육을 받았고, 그 역시 교회 개혁의 당위성에는 어느 정도 공감하고 있었기 때문이다. 다만 황제는 기존 가톨릭교회와 루터의 종교개혁 세력 간의 충돌이 자칫 제국을 혼란으로 몰아넣을 것을 염려하고 있었을 뿐이다. 그래서 보름스회의에 루터를 불러 소명의 기회를 준 다음 자연스레 그의 견해를 철회하도록 하여 제국 내 갈등을 정리하는 것이 황제가 의도한 것이었다. 그러면 루터의 위신도 살고 황제의 목적도 달성하여 모든 것이 잘 정리될 터다.

그러나 현실은 그렇게 흘러가지 않았다. 황제가 상층부의 권력 다툼에 전념하는 사이 루터의 개혁 운동은 독일 구석구석으로 전파되었고, 이미 적지 않은 사람들이 그의 개혁 전선에 동참하고 있었다. 이는 보름스로 소환되는 루터의 행로에도 그대로 나타났다. 소환되면서 들르는 도시마다 루터는 큰 환영을 받았다. 사람들이 구름처럼 모여 루터의 이름을 외쳤고, 교회는 그를 설교대로 모시기 위해 서로 치열하게 경쟁해야만 했다. 루터가 보름스회의에 모습을 드러내기 바로 전날에는 무려 약 2000명의 군중이 모여 그를 맞이했다고 한다. 이것이 당시 민중의 마음이었다. 황제는 여전히 중세적 보편 국가를 유지하는 것이 최선이라 생각했지만 이미 제국은 균열되기 시작했고, 새로운 세상에 대한 갈망이 사람들의 마음을 요동치게 했다. 이런 민중의 응원과 환호를 온몸으로 경험한 루터가 고분고분 황제의 뜻대로 움직일 이유는 없었다.

지금도 보름스에는 당시 루터의 소환 행렬과 관련 있는 고목이 서 있다. 이른바 '루터나무'라고 하는 것이다. 당시 군중 사이에서는 루터의 사상을 놓고 한바탕 논쟁이 벌어졌다. 그때 루터를 지지하던 한 여인이 지팡이를 땅에 꽂으면서 루터가 옳다면 이 나무에서 싹이 돋아 크게 자라날 것이라고 소리를 높였다. 지팡이는 여인의 예언처럼 싹이 나고 성장하여 아름드리나무가 되었고, 사람들은 이를 루터나무라 부르게 되었다.

보름스의 한귀퉁이에 자리하고 있는 이 고목은 오래되기도 했지만 중간에 벼락을 맞았는지 속은 비어 있었고, 상단도 많이 훼손되어 있었다. 안내판마저 없었다면 지나가는 이들의 관심을 제대로 받지 못했을 것이다. 나무가 서 있는 곳 역시 외진 데라서 인적이 뜸하고 관리도 그리 잘 되어 있는 것 같지 않았다. 그저 논쟁하는 모습이 조각으로 장식처럼 나무에 붙어 있어 이곳이 특별한 곳이었음을 확인해 주고 있을 뿐이었다.

보름스에 있는 루터나무

루터가 보름스회의로 소환될 때 그가 들르는 도시마다 사람들이 구름처럼 모여들었다. 새로운 세상에 대한 루터의 비전은 사람들의 마음을 요동치게 했다. 군중 사이에서는 루터를 두고 논쟁이 벌어지기도 했는데, 그중 루터를 지지하던 한 여인이 가지고 있던 지팡이를 땅에 꽂으면서 루터가 옳다면 이 지팡이에서 싹이 돋을 것이라고 예언했다. 그의 예언대로 지팡이에서는 싹이 돋아 아름드리나무가 되었고, 지금도 이 나무는 보름스의 한 귀퉁이에 서 있다.

나는 교황을 신뢰하지 않습니다

1521년 4월 17일, 드디어 루터는 황제 앞에서 심문을 받았다. 그러나 어찌 된 일인지 거침없고 당당했던 모습은 보이지 않고 잔뜩 얼어붙은 촌스러운 수도사 하나가 그 자리에 서 있었다. 아무리 성서 박사이자 교수라 해도 황제와 고관대작 앞에서는 루터 역시 어쩔 수 없는 독일 작은 동네의 서생이었을 뿐이다. 루터가 느낀 심리적 압박감은 대단했을 것이다. 게다가 그곳에는 그의 이름을 부르며 환호하던 민중도 없었다. 그의 마음은 위축되었고, 정신은 아득해져 갔다.

심문관은 재차 루터에게 기존의 생각을 철회할 뜻이 있는지 몰아치듯 물었고, 심문은 일사천리로 진행되었다. 애초부터 심문관들은 루터의 변을 길게 들을 생각이 없었다. 루터에게는 '예' 혹은 '아니오'만 있을 뿐이었다. 촘촘히 조여 오는 압박에 그는 시간이 더 필요하다는 요청을 했다. 황제는 하루 정도 충분히 숙고할 수 있는 시간을 준다면 자신의 견해를 명확히 밝히겠다는 루터의 간청을 받아들였다. 이로써 루터는 숨 막히는 곳에서 가까스로 탈출할 수 있었다.

다음 날 그는 완전히 다른 사람이 되어 당당히 황제 측에 대항했다. 그는 자신의 생각과 저작을 결코 철회하거나 포기할 생각이 없다고 분명하게 말했다.

> 나는 성서의 증거나 명백한 이성적 논증에 근거하여 설득력 있게 분명히 반박하지 않는 한 내 잘못을 인정하지 않을 것입니다. 나는

> 교황이나 공의회 자체만을 신뢰하지는 않습니다. 왜냐하면 그들은 많은 오류를 범해 왔으며, 때로는 서로 반대되는 결정을 내리기도 했기 때문입니다. 나는 오직 내가 인용한 성서 구절에 묶여 있습니다. 내 양심이 신의 말씀에 사로잡혀 있는 한 나는 상황이 확정되지 않았기에 아무것도 취소할 수 없고 또 취소하지도 않을 것입니다. 만일 당신이 양심에 어긋나게 행동한다면 구원이 위협을 당하게 될 것입니다. 신이시여, 나를 도우소서. 아멘.
>
> — 마르틴 루터, 『마르틴 루터 박사 전집: 비평적 총서 B4』, 147~148쪽

루터의 당돌한 도발에 젊은 황제는 허를 찔린 듯 분노했고, 곧바로 루터를 이단자라 날카롭게 쏘아붙였다. 하지만 그 자리에서는 루터를 어찌하지는 못했는데, 애초 그의 무사 안전 귀가를 보장했기 때문이다.

루터가 심문을 받았던 옛 제국의회 터에는 종교개혁을 기념하는 조각 공원이 조성되어 있다. 1868년에 만들어진 이 공원은 루터를 비롯하여 종교개혁과 관련된 아홉 명의 인물상, 당시 역사를 알리는 다수의 부조, 종교개혁에 참여한 도시들의 문장으로 구성되어 있다. 그리고 그때를 기념하기 위한 철로 된 '루터의 큰 신발'이 전시되어 있다.

보름스회의 이후 루터는 가톨릭 세계의 공적 이단자가 되었다. 그러면서 수많은 이들이 그를 적대했다. 황제는 루터의 안전한 귀가를 공언했지만 그것은 공적 영역에만 한정되었다. 누군가가 어둠의 영역에서 루터를 해코지하더라도 황제가 약속을 어겼다 할 사람

황제 앞에 선 루터

루터의 개혁 운동이 곳곳으로 퍼져 나가자 막강하고 단일한 그리스도교 보편 국가를 꿈꾸던 젊은 황제 카를 5세는 그것을 못마땅해했다. 이에 보름스회의에 루터를 소환하여 심문하기로 했다. 1521년 4월 17일, 황제와 고관대작들 앞에 선 루터는 자신의 생각을 결코 철회할 뜻이 없음을 이렇게 선언했다. "내 양심은 하느님 말씀에 의해 사로잡혔습니다. 나는 철회할 수도 없거니와 철회하지도 않겠습니다. 자신의 양심에 불복하는 것은 옳지도 않고 안전하지도 않기 때문입니다. 하느님, 내가 여기 섰나이다. 나를 도우소서."

은 없었다. 작센의 선제후 프리드리히 3세는 이를 걱정했다. 이에 그는 중간에 루터를 빼돌리기로 하고 이를 실행에 옮겼다.

바로 이 '루터 납치극'은 종교개혁의 역사에서 또 하나의 전환점이 되었다. 사실 선제후의 걱정이 우려로만 끝난 것은 아니었다. 실제로 1521년 5월 8일, 황제 카를 5세는 보름스 칙령에 서명했는데 거기에는 루터와 그를 돕는 모든 자들을 법의 테두리에서 추방한다는 내용이 담겨 있었다.

사실 황제가 마음만 먹었다면 루터를 처형하는 일은 그리 어려운 것이 아니었다. 하지만 시대 상황이 그에게 독일의 이단자를 처형할 만한 여유를 허락하지 않았다. 그에게는 당장 처리해야 할 더 큰 나랏일이 기다리고 있었다. 그는 황제에 오르자마자 곧바로 이탈리아, 프랑스 등과 전쟁을 치러야만 했다. 더군다나 프랑스의 프랑수아 1세는 황제를 선출할 때 그의 경쟁자이기도 했기에 더욱 신경이 쓰였다. 게다가 그는 오스만제국과도 전쟁을 치러야 했다. 그 덕에 독일 지역의 종교개혁운동은 오히려 숨통이 트여 점차 영향력을 확장해 갈 수 있었다. 만약 카를 5세가 독일에만 국한된 지배자이고 주변 국가들과 크고 작은 전쟁을 치르지 않았다면 루터의 개혁 운동이 성공했을지는 누구도 장담할 수 없을 것이다. 이처럼 시대 상황까지 루터를 도운 덕에 그는 바르트부르크성에 숨어들어 새로운 역사를 만들 수 있었다.

거대한 장정의 시작

1521년 4월 26일, 루터는 동료들과 함께 서둘러 귀환 길에 올랐다. 하지만 얼마 가지 않아 멈추어 설 수밖에 없었다. 누군가 일행의 길을 막아섰고, 루터는 그 후 사라졌다. 공식적으로 그는 납치되었고 생사 또한 확인할 길이 없었다. 하지만 이는 루터의 생명을 지키기 위해 프리드리히 3세가 계획한 일이었다. 선제후는 완벽하게 이 작전을 성공시키기 위하여 루터의 피신처에 대한 어떤 정보도 알려고 하지 않았다. 그 덕분에 루터는 무사히 아이제나흐 인근에 있는 바르트부르크성으로 피신했다. 그곳에서 그는 1521년 5월 4일에서 1522년 3월 3일까지 약 10개월간 안전하게 머물 수 있었다.

바르트부르크성에서 루터는 철저히 신분을 감추었다. 그는 융커 외르크라는 이름으로 불렸고, 길게 자란 머리와 수염으로 완전히 다른 사람처럼 보이게끔 했다. 이렇게 그는 산 위의 요새에서 전혀 다른 사람의 모습으로 지내며 외로운 싸움을 이어 갔다. 루터에게는 무척 쉽지 않은 일이었을 것이다. 사람들 사이에 섞여 쉼 없이 대화를 이끌고 열정적 강의를 마다하지 않던 그가 모든 사회적 만남을 끊은 채 홀로 10개월 동안 생활해야만 했다는 것 자체가 그에게는 지옥과도 같았을 것이다.

그 때문인지 바르트부르크성과 연관된 루터의 이야기에는 유독 악마가 많이 등장한다. 그중 유명한 것이 바로 악마와 잉크병 이야기다. 루터가 잉크병을 던져 자신을 괴롭히던 악마를 내쫓았다는 전설 같은 이야기 말이다. 이 말을 증명이라도 하듯이 루터가 머물

바르트부르크성에 피신해 있을 때의 루터

루터는 피신처에서 변장한 차림과 융커 외르크라는 가명으로 10개월간 머물렀다. 그는 성서를 단순히 읽는 데서 그치지 않고 독일어로 번역하는 데 심혈을 기울이며 홀로 외로운 싸움을 이어 갔다. 이 시절 그에 관한 이야기에는 악마가 많이 등장하는데, 그가 얼마나 힘겹고 고통스럽게 생활했는지 말해 준다.

렀던 방에는 잉크 자국이 남아 있다. 그런데 사실 이 방에서 잉크를 발견한 것은 루터가 세상을 뜬 지 약 100년이 지난 뒤였다. 따라서 이 이야기는 사실이 아닐 가능성이 크다. 그렇다고 이런 유의 설화가 전혀 쓸모없는 것은 아니다. 이런 이야기를 통해 루터가 얼마나 힘들고 외롭고 고통스럽게 바르트부르크성 생활을 했는지를 유추해 볼 수 있으니 말이다.

루터는 평범한 인물이 아니었다. 고독의 세월을 그는 다시 무엇인가로 채워 가기 시작했다. 그것은 또 다른 '읽음'이었다. 누군가 알려 준 내용을 의심 없이 받아들인 것이 아니라 직접 눈으로 읽어 그 내용을 확인하고 성서에서 말하는 신앙의 핵심을 스스로 깨우친 뒤, 그것을 다시 글로 옮겨 이웃에게 전한 것이 루터가 행한 개혁 운동의 요체였다. 그러니 루터는 종교라는 조직을 바꾼 것이 아니라 특정 종교 조직이 독점한 믿음과 신앙에 대한 해석을 바꾼 것이라 할 수 있다. 이러한 신앙(믿음) 개혁 혹은 해석학적 개혁 운동을 루터는 바르트부르크성에 유폐되어 있는 동안에도 계속 이어 갔다. 이번에는 단순 독서가 아니라 번역이었다. 성서 번역. 고대 그리스어로 기록된 신약성서를 누구나 쉽게 접할 수 있는 생활 독일어로 번역하는 일, 이것이 그가 바르트부르크성에서 시작한 일이다. 이 작업은 독일을 넘어 유럽 전체의 역사를 바꾸는 거대한 장정의 시작이었다.

루터에게 믿음은 읽음을 통해 촉발되는 것이다. 그는 성서 안에 가득한 자비로운 신을 체험하면 누구라도 믿음의 사람의 될 수 있다고 보았다. 그래서 누구라도 성서를 읽을 수 있어야 한다. 하지만 당시 성서는 주로 라틴어로 쓰여 있었고, 이를 읽을 수 있는 사람은 전체 유럽인 중 10퍼센트도 되지 않았다. 루터가 보기에 이는 참된 신앙으로 접근하는 길 자체가 원천적으로 차단된 것이나 마찬가지였다. 그러니 성서는 생활 언어, 즉 민중의 언어로 번역되어야만 하고, 누구라도 쉽게 구하고 읽을 수 있어야만 했다. 루터의 독서 혁명이 널리 퍼지기 위해서라도 라틴어 성서는 독일어로 갈아입어야 했다. 이쯤 되자 루터는 곧바로 실행에 옮겼다. 게다가 바르트부르크성에서의 고독한 생활은 번역 작업을 하는 데 제격이 아니겠는가.

그런데 흔히 생각하는 것처럼 루터가 최초로 성서를 독일어로 번역한 것은 아니다. 그의 번역이 있기 전 이미 18종에 이르는 독일어 번역 성서가 존재했다. 그리고 루터가 바르트부르크성에서 신구약 전체를 옮긴 것도 아니다. 고대 그리스어에 정통했던 루터는 오래 걸리지 않아 신약성서를 번역했지만, 구약은 그 혼자만의 힘이 아니라 히브리어에 능통한 동료들의 도움을 받으며 한참 뒤에 마무리했다. 따라서 1522년 9월에 출간된 이른바 『9월 성서』는 신구약 완본이 아니라 신약만 있는 것이었다. 이 성서는 대성공을 거두었다. 초판이 수주 만에 완판되었고, 이후에도 꾸준히 팔려 나갔다.

루터의 독일어 번역 성서는 발전한 미디어 환경의 덕을 톡톡히 보았다. 이는 당장 책값으로 나타났는데, 당시 그것의 가격은 1.5굴덴이었다. 양피지 필사본 성서의 가격이 500굴덴이었다는 점을 생각한다면 『9월 성서』의 가격은 충분히 파격적이었다. 전례나 사제의 강론을 통해서만 부분적으로 접했던 성서를 이제 집집마다 하나씩 들여놓고 시간 날 때마다 읽을 수 있게 된 것이다. 신성로마제국

바르트부르크성에서 루터의 방으로 가는 통로

루터는 비록 깊은 산중 궁벽진 곳에 유폐되었지만, 역설적이게도 바로 그곳에서 누구나 읽을 수 있는 성서 번역이라는 불멸의 업적을 만들어 냈다.

의 경우 1533년에는 열 가구당 한 가구가, 1546년에는 2.5가구당 한 가구가 이 독일어 번역 성서를 가지고 있었다고 하니 루터의 기대와 의도는 완벽히 들어맞았다. 누구나 읽을 수 있는 성서, 그리고 그 읽음으로부터 오는 믿음의 혁명. 그렇게 루터의 번역은 칼과 창보다도 더 무섭고 효율적인 무기가 되어 중세의 축대를 흔들었다.

루터의 성공 배경에는 바로 번역에 대한 그만의 철학이 깔려 있다. 아녀자나 아이, 시장통 사람도 이해할 수 있게 성서를 번역하겠다는 그의 의지는 역사를 바꾸는 초석이 되었다. 바로 이것이 이전에 나와 있던 18종의 성서 번역본과 구분 짓게 하는 것이다.

소통과 이해에 대한 루터의 철저함은 삽화 이용을 통해서도 도드라진다. 루터의 독일어 성서에는 그를 열렬하게 지지했던 크라나흐의 삽화가 여러 장 들어가 있다. 1534년에 출간된 신구약 완역본 성서에는 크라나흐의 그림이 무려 62점이 들어가 있는데, 소통에 대한 루터의 집념이 어느 정도인지 짐작하게 한다. 때때로 삽화는 문장보다 훨씬 힘 있고 또렷하게 성서의 내용을 전달해 주었다. 특히 몇몇 삽화는 교황을 비롯한 가톨릭계의 부패상을 희화적으로 표현하여 종교개혁에 대한 루터의 주장에 큰 힘을 실어 주었다.

번역은 혁명이다

루터의 성서 번역은 독일어 사용에도 큰 변화를 가져왔다. 우선 그의 작업은 문자 사용의 중심축을 수도원에서 생활 세계로 옮겨 놓았다. 중세 시대 글쓰기와 읽기는 주로 수도원에서 이루어졌다. 따라서 주로 근엄한 종교적 주제로 한정된 문자 사용이 주를 이루었다. 당시 왕이나 귀족은 문자를 제대로 읽거나 쓰지도 못할 정도였다. 좀 더 정확히 표현하자면 읽거나 쓸 필요가 없었다. 아니 그처럼 비싸고 귀한 책을 접하기도 어려운 환경에서 읽거나 쓰는 능력은 꼭 필요한 것이 아니었기 때문이다. 그러니 반드시 있어야 할 글은 수도사나 필경사에 의해 관리되고 이어지게 하면 될 뿐이었다.

그러나 15세기 들어 시민계급이 득세하고 그들이 주로 무역업과 금융업에 종사하면서 이전에 볼 수 없었던 변화가 나타났다. 많은 세속적 서류 작업이 공공 영역에서 민중 언어의 득세를 앞당겼던 것이다. 루터는 이를 제대로 활용한 시대의 혁명가였다. 누구나 읽고 이해할 수 있는 성서 발간은 독서 열풍을 일으켰다. 루터의 독일어 성서가 인기를 끌자 글자를 모르는 사람도 그 책을 사게 되었다. 글자를 모른다 해서 걱정할 필요가 없었다. 라틴어가 아닌 다음에야 독일어를 아는 이웃에게 읽어 달라고 하면 되었기 때문이다. 사정이 이러하니 루터의 독일어 성서는 '집단 독서'라는 새로운 현상을 불러일으켰다. 적지 않은 이들이 한자리에 모여 루터의 성서와 저작물을 읽었다.

무엇보다 루터의 성서 번역이 몰고 온 변화 중 중요한 것은 바로 표준 독일어의 형성이었다. 루터는 더 많은 이들이 쉽게 접하고 읽을 수 있도록 성서를 독일어로 번역했지만, 이 작업은 공적 영역에서 독일어를 제대로 선보이는 결과로 이어졌다. 당시 독일어는 수십 개의 사투리로 갈라져 지역 간에 서로 의사가 통하지 않을 정도였다. 그렇다고 이를 통합할 방법이 달리 있었던 것도 아니다. 그런데 루터가 민중의 언어로 성서를 번역하고, 이것이 책이라는 미디어를 통해 세상에 널리 보급되면서 그의 번역은 이후 모든 독일어 사용의 표준으로 자리 잡게 되었다.

이렇게 루터의 성서 번역은 독일 민중에게 자국어에 관한 관심을 불러일으켰고, 이는 독일 민족주의의 구심점으로 작동하기도 했다. 그 때문인지 독일에서 루터와 민족주의는 매우 밀접하게 연결되어 있다. 실제로 19세기 독일에서 민족주의가 득세했을 때 각지에 우후죽순처럼 루터의 동상이 세워지기도 했다. 또한 루터의 성서 번역은 독일뿐만 아니라 유럽 전역으로 그 영향력이 퍼져 나갔다. 루터의 모범을 따라 영어, 프랑스어 등 다양한 언어로 성서가 번역되기 시작하면서 독일에서와 마찬가지로 각 나라의 민족주의가 득세하는 데 적지 않은 영향을 끼쳤다.

영국에서는 윌리엄 틴들의 번역이 있었다. 가톨릭 사제였던 틴들은 루터의 모범을 따라 누구나 읽을 수 있는 영역본 성서를 출간하고자 했다. 사실 그는 다년간 연구를 통해 성서야말로 신의 말씀이고, 가장 뛰어난 신앙의 안내자요 지침서라 굳게 믿고 있었다. 이런 그에게 루터의 성서 번역은 신선한 충격이자 영감의 원천이 되었다. 그래서 그는 비텐베르크를 방문하여 루터를 직접 만났고, 독일에 머물면서 성서를 영어로 옮기는 작업을 수행했다.

1526년, 틴들은 보름스에서 최초의 영역 신약성서를 인쇄하여 영국으로 몰래 가지고 들어갔다. 하지만 틴들의 운명은 루터와는 달랐다. 루터는 그의 번역본을 당당히 출판해서 판매까지 했지만 틴들은 성서를 번역했다는 이유로 체포되고 말았다. 그는 결국 1536년에 교살당한 뒤 화형당했다. 당시 성서 번역은 가톨릭에 의해 철저히 금지되어 있었고, 게다가 영국은 독일과 달리 가톨릭교회의 입김이 여전히 강하게 작용하고 있었기 때문에 틴들의 희생을 막을 길이 없었다. 그렇다고 그의 희생이 무의미하지만은 않았다. 그는 죽었지만 번역은 남아 17세기 초 킹 제임스 성경이 나올 때 유력한 모범이 되었다. 킹 제임스판 신약성서의 대부분이 틴들의 번역을 따르고 있다.

루터의 성서 번역은 교회 음악에도 큰 변화를 가져왔다. 루터는 회중 찬송, 즉 코랄을 만들 때도 분명한 의도와 목적을 가지고 있었다. 이는 그가 성서를 독일어로 번역할 때와 크게 다르지 않았다. 그의 성서 번역은 무엇보다 소통과 이해에 초점을 맞추고 있었다. 그래서 누구라도 쉽게 읽고 이해할 수 있는 민중 언어로 번역하기 위해 각고의 애를 썼다. 회중 찬송을 만들 때도 루터의 이런 기준은 그대로 적용되었다. 그래서 어쭙잖게 라틴어 찬송가를 독일어로 번안하는 데 절대 만족하지 않았다. 그리고 로마풍의 음조와 가락에 안주하려 들지도 않았다. 루터는 독일 민중이 쉽게 익히고 따라 부를 수 있는 노래를 만들고자 했다. 그러니 노래를 만들 때도 최우선 조건이 민중 독일어였다.

노래는 독일어의 억양과 운율을 최대한 살릴 수 있어야 하고, 곡조 역시 부르기에 불편해서는 안 된다. 그래서 어지간하면 한 옥타브 내에서 모든 멜로디를 다 부를 수 있도록 배려했다. 누구라도 쉽게 따라 부르자면 그런 방식이 최선이었기 때문이다. 너무 화려한

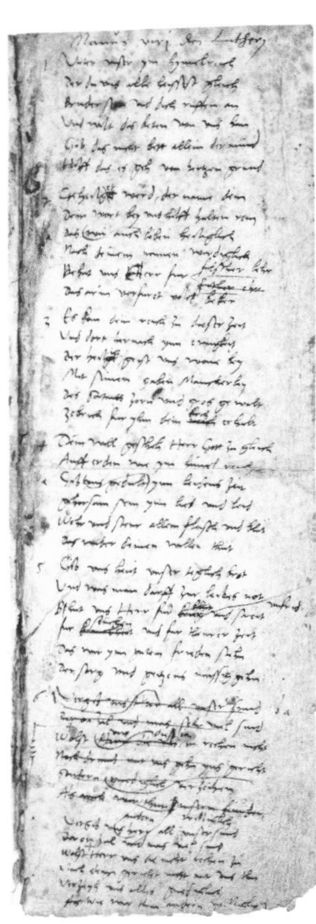

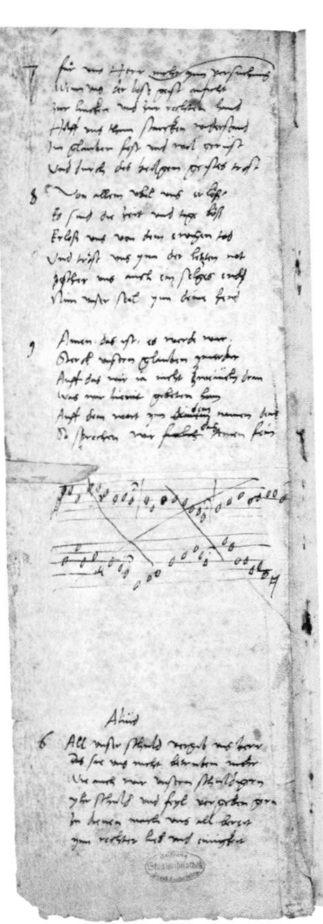

루터의 친필 찬송가인 〈하늘에 계신 우리 아버지〉

루터가 성서를 번역하면서 민중이 이해할 수 있게 하기 위해 심혈을 기울였듯이 회중 찬송을 만들 때도 같은 원칙을 적용했다. 또한 라틴어 찬송가를 독일어로 번안하는 데 그치지 않고, 민중이 쉽게 따라 부를 수 있는 노래를 직접 많이 만들기도 했다. 음악을 통해 신앙의 본질이 공유되는 것이야말로 그가 바란 것이다.

기법과 기교를 사용했다가는 또다시 감상용 음악으로 전락하여 음악의 본 기능을 제대로 해내지 못할 테니 말이다. 이런 생각을 가지고 루터는 여러 노래에 가사를 붙이거나 직접 곡을 썼다. 그중 지금까지 알려진 대표곡으로는 〈내 주는 강한 성이요〉, 〈깊은 곤경 속에서〉, 〈하늘 높은 곳으로부터〉, 〈이제 기뻐하여라〉 등이 있다.

루터의 독일어 회중 찬송은 그가 생각한 새로운 예배 의식에도 매우 요긴했다. 왜냐하면 알아듣지 못하는 예배는 예배라고 할 수 없기 때문이다. 그러니 독일어 성서에, 독일어 설교가 시행된다면 당연히 회중 찬송도 독일어로 불러야 했다. 루터는 뜻도 모르면서 따라 불러야만 했던 라틴어 전례 노래는 신앙에 전혀 도움이 되지 않는다고 보았다. 그렇게 소통의 벽을 쌓고 라틴어로만 진행되던 기존 예배는 개혁 시대의 것으로는 맞지 않았다. 뜻을 알고 의미를 새기며 함께 공유하고 공감할 수 있는 예배, 루터는 그것이야말로 개혁 시대의 예배라고 생각했다.

나아가 회중 찬송은 사람들의 마음에 기쁨과 평화를 주고, 또한 언제나 쉽고 익숙하게 부를 수 있는 것이어야 했다. 그래서 루터는 세속의 친숙한 가락을 빌려 오는 것도 마다하지 않았다. 중요한 것은 그 안에 담긴 의미와 사상이지 특정 가락은 아니라고 보았기 때문이다. 음악을 통해 신앙의 본질이 전해지고 자비로운 사랑의 신을 만난다면 그것이야말로 루터가 바란 것이었다.

루터의 이런 노력은 여러모로 큰 반향을 불러일으켰다. 회중 찬송이 등장하면서 더 많은 이들이 음악 생활을 누릴 수 있었고, 이는 독일의 음악 수준을 한 단계 끌어올렸다. 아울러 독일어로 만든 회중 찬송은 지속적으로 독일 민족주의를 강화하는 데도 적지 않은 영향을 미쳤을 뿐만 아니라, 루터가 그리도 꿈꾸어 온 이해와 소통이 충실한 독일식 예배 의식을 완성하는 데 결정적 역할을 했다. 이처럼 음악 역시 루터에게는 개혁 운동의 소중한 무기였다. 이렇게 루터의 개혁은 중세 사회 전반을 흔들며 새로운 시대를 요청했다.

05

MARTIN LUTHER

또 다른 개혁의 현장

모세의 첫 권에는 결혼에 관한 기록이 있습니다. 하느님께서 남자와 여자를 창조하고 그들에게 복을 주었다는 내용입니다. 인간에 관한 아주 간단한 문장이지만 이것은 세계에 거하는 모든 피조물에게 적용해도 무방합니다. 공중에 나는 새, 물에 사는 생물, 들에 사는 짐승 모두가 암수로 존재하며 생육하고 번성하고 있습니다. 이 모든 것 안에서 하느님께서는 우리 눈앞에 결혼 제도를 심어 놓았습니다. 결혼 제도의 표상은 나무와 흙에서도 볼 수 있습니다.

— 마르틴 루터, 『루터의 탁상담화』, 716절

종교개혁의 꽃, 루터의 결혼

사회 전방위로 퍼져 나간 루터의 개혁 정신은 가장 은밀하고 사적인 영역까지 바꾸어 버렸다. 그중 대표적인 것이 바로 결혼 제도였다. 사제였던 루터는 마침내 결혼했고, 심지어 아내로 맞이한 카타리나도 수녀 출신이었다. 부부간의 성적 결합마저 상스럽게 여기며 억압하고 독신을 구원의 표상처럼 받아들이던 중세에 사제와 수녀가 만나 결혼하는 것만큼 파격적이고 혁명적인 사건이 있었을까? 그런 점에서 루터와 카타리나의 결혼식이 있었던 1525년 6월 23일이야말로 진정한 개혁의 날이라 할 수 있겠다.

두 사람의 만남 자체가 운명적이었다. 카타리나는 1499년 라이프치히 근처의 리펜도르프에서 태어났다. 그가 여섯 살이었을 때 어머니가 죽자 아버지는 그를 비터펠트 근처의 한 수녀원으로 보냈다. 당시 수녀원은 많은 경우 몰락한 귀족 집안의 딸들을 수용하는 역할을 했다. 그렇게 수녀원에 맡겨진 카타리나는 열여섯 살이 된

1515년에 평생 수녀로 살겠다는 맹세를 했다. 그때 그는 님브셴 근처 마리엔트론이라는 곳의 시토수도원에서 지내고 있었다.

평범한 수녀 생활을 하던 카타리나에게 어느 날 루터의 개혁 운동 소식이 들려왔고, 심지어 그가 쓴 글도 읽게 되었다. 카타리나와 동료들은 루터의 견해에 공감했고, 곧 그곳을 탈출하기로 결의했다. 그러나 수녀의 신분으로 할 수 있는 일은 그리 많지 않았다. 그래서 백방으로 연결하여 루터에게 자신들의 탈출을 도와 달라고 요청했다. 그때 루터는 수녀원에 식료품을 배달하던 레온하르트 코페와 모의하여 탈출을 희망하는 수녀들을 돕기로 했다. 그리하여 열두 명의 수녀들이 무사히 탈출했고, 그중 아홉 명이 루터가 있던 비텐베르크로 오게 되었다.

비텐베르크로 온 수녀들은 돌아갈 가족이 없었던 탓에 루터의 고민 또한 깊어졌다. 그때 루터가 택한 방법은 그들에게 배필을 찾아 주는 것이었다. 다행히 수녀들은 차례차례 짝을 찾아 결혼했는데, 유독 카타리나만 그러지 못했다. 그때 카타리나가 루터가 자신을 아내로 선택해 줄 것을 제안했다.

루터는 만인사제주의를 주장하면서 성직자의 결혼에 대해서도 개방된 태도를 보이기는 했지만 자신이 결혼할 것이라고는 생각하지 못했다. 얼마간의 고심 끝에 루터는 카타리나와 결혼하기로 결심했다. 사제의 결혼과 부부간의 정당한 성관계를 옹호하던 자신의 주장을 입증하기 위해서라도, 오래도록 그에게서 후사를 바란 부모의 뜻을 받들기 위해서라도, 그리고 힘겨운 개혁의 노정에서 한 여인과 만남을 통해 위안과 행복을 얻기 위해서라도 루터에게 결혼이

루터의 동반자, 카타리나 폰 보라

루터의 종교개혁을 성공적으로 이끈 또 하나의 주역인 카타리나 폰 보라는 본래 수녀 출신이었는데, 루터의 개혁 운동 소식을 듣고 열두 명의 동료 수녀들과 함께 수도원을 탈출하면서 루터와 인연을 맺게 되었다. 사제였던 루터와 수녀 출신인 카타리나의 결혼은 당시 또 하나의 혁명적인 사건으로 받아들여졌다. 개혁의 정신은 이렇듯 가장 사적인 영역까지도 바꾸어 버렸다.

필요했는지 모른다.

두 사람의 결혼은 세간의 화제가 되었다. 종교개혁의 불길이 여전한 시절이었기에 루터의 상징성이 큰 데다가, 하필 결혼 상대자가 수녀 출신이라는 점이 사람들의 시선을 끌었다. 루터가 결혼하자 환호와 비난이 동시에 일어났다. 한쪽에서는 루터가 결혼을 통해 개혁의 정신을 완수하려 한다고 보았고, 다른 한쪽에서는 종교개혁이란 구실뿐이며 결국 결혼을 통해 음욕을 해소하려는 것 외에 아무것도 아니라고 힐난했다.

두 사람이 결혼한 뒤 이제 사람들의 관심은 둘 사이에서 태어날 첫 아이에게 집중되었다. 당시 사제와 수녀 등 정상적이지 않거나 성적 관계가 허락되지 않은 관계에서 태어난 아이는 괴물이 될 것이라는 믿음이 강했다. 혹여 루터의 첫 아이가 문제가 있다면 이 믿음은 더욱 견고해질 것이고, 그의 개혁 운동에도 적지 않는 타격이 될 것이다. 다행히 두 사람의 첫 아이는 괴물도 기형도 아니었다. 사정이 이러하니 건강하고 이상 없는 첫 아이를 둔 루터 부부의 마음은 뛸 듯이 기뻤을 것이다.

이렇게 적지 않은 사연을 안고 두 사람의 결혼 생활은 이어졌다. 그런데 둘은 성정상 처음에는 썩 잘 어울리는 쌍이 아니었다. 루터는 마흔두 살 때 스물여섯 살의 아내를 맞이했다. 16년이라는 나이 차도 둘 사이의 친밀한 교류를 막는 걸림돌이 되었을 것이다. 게다가 루터는 당시 평범한 남자처럼 여성을 조금 낮추어 보았고, 심지어 성질까지 급했다. 반면 젊은 아내 카타리나는 똑소리 날 만큼 영민하고 근면했으며 말솜씨 또한 일품이었다. 그러니 둘 사이에 처음부터 크고 작은 다툼은 일상이었다. 오죽하면 아내의 계속된 바가지에 루터가 악마 같은 여인네를 아내로 받아들이는 것보다 차라리 죽는 것이 낫다는 소리까지 했을까.

하지만 루터에게 카타리나는 누구보다도 중요한 사람이었다. 특히나 살림살이를 꾸려 나가는 데 그만큼 적격인 사람도 없었다. 넉넉하지는 않았지만 루터는 대학교수로서 일정한 급여를 받고 있었다. 그러나 그것만으로는 루터 집안의 살림살이를 충당하기에 턱없이 부족했다. 루터의 씀씀이가 남달랐기 때문이다. 루터는 제자와 지인을 늘 집으로 끌어들였고, 그중 몇몇에게는 무료로 숙식을 제공했다. 그의 식탁에는 늘 사람이 붐볐다. 이 모든 준비와 접대를 책임진 이가 바로 카타리나였다. 그는 묵묵히 이 모든 일을 챙기며 병약한 남편의 건강까지 지켜 낸 철의 여인이었다. 그는 집을 개조해 욕실을 늘리고, 부식 마련을 위해 정원에 채소를 심었고, 가축을 키우기 시작했다. 또한 자신의 집에서 숙식하는 학생들에게 하숙비를 받아 내는 등 여러모로 루터 집안의 기둥으로 제 역할을 묵묵히 해냈다.

카타리나의 성실함과 살림 능력 때문인지 갈수록 루터 부부의 신뢰는 돈독해졌다. 말년에 이르기까지 두 사람의 사랑은 꾸준히 무르익었고, 그 결실로 총 여섯 명의 자녀를 두었다. 두 사람에게는 세 아들과 세 딸이 있었는데, 불행하게도 두 딸은 어린 나이로 명을 달리했다. 하지만 남은 자녀는 모두 무탈하게 성장했다.

카타리나에 대한 루터의 신뢰는 날이 갈수록 깊어졌지만 안타깝게도 그는 아내 없이 죽음을 맞이해야 했다. 말년에 루터는 몸 상태

비텐베르크에 있는 루터의 집 내부

루터의 집은 늘 많은 사람들로 붐볐고, 그에 필요한 모든 준비와 접대를 카타리나가 챙겼다. 그녀의 성실함과 살림 능력은 개혁의 든든한 버팀목이 되었다. 사진은 지금까지 원형 그대로 보존되어 있는 루터의 집 거실로서, 벽난로며 탁자 모두 루터의 가족이 사용하던 것이다. 유명한 『탁상담화』도 이곳에서 만들어졌다.

가 썩 좋지 않은 상태에서 만스펠트의 백작인 가브하르트와 알브레히트 형제 사이의 관계 회복을 주선하기 위해 고향인 아이슬레벤을 방문했고, 결국 그곳에서 생을 달리하고 말았다. 안타깝게 카타리나는 남편의 사망 소식을 뒤늦게 들었고, 이후 남편 없이 약 4년을 더 살다가 눈을 감았다.

카타리나는 주체적으로 자신의 인생을 개척했고, 거침없이 남편감으로 루터를 선택하는 등 당시 여성으로서는 보기 드문 삶을 살았다. 카타리나의 그러한 당당함과 성실함은 루터의 개혁 운동을 지탱하는 든든한 버팀목이 되었을 것이다. 그래서인지 갈수록 카타리나에 대한 재발견 혹은 재해석이 힘을 얻어 가고 있다. 중세에 그만큼 주체적이고 자유롭고 열정적으로 살았던 이도 없었으리라.

중세의 성 윤리

루터와 그의 시대, 그리고 그가 주도했던 일을 염두에 두지 않는다면 루터 부부의 삶은 평범했다고 할 수 있다. 하지만 그들이 살았던 시대를 기억한다면 두 사람이 보여 준 삶은 평범함 이상이며, 그들의 결혼 생활이야말로 진정한 의미의 혁명이었다고 할 수 있다.

중세의 성 윤리는 상당히 엄격했고, 보수적이었으며, 금욕적이었다. 부부라 할지라도 남녀의 성관계는 일단 부정적인 것으로 여겼다. 아이를 얻기 위한 부부 관계는 합법적이고 비난받을 만한 일이 아니었지만 그것 역시 목적에 집중한 행위여야지 쾌락을 동반해서는 안 된다고 보았다. 사정이 이러하다 보니 부부간에 애정을 표현할 수 있는 날도 정해져 있었다. 아니 특정한 몇몇 날에는 부부 관계를 할 수 없었다고 하는 것이 더 정확하다. 그런데 그런 날이 너무 많았다. 예수의 수난과 부활과 관련된 수요일, 금요일, 일요일 등에는 당연히 성관계가 금지되었다. 성탄절과 부활절에 즈음해서는 아예 수십 일 전부터 부부 관계가 금기 사항이었고, 성찬식이 있기 3일 전부터도 성관계를 해서는 안 되었다. 게다가 아내가 생리 중이어도 관계는 금지되었고, 심지어 신실한 신앙인이 아닌 상대와 관계를 맺으면 곤란한 일이 생긴다고 믿기까지 했다. 자위해서도 안 되고, 성관계의 횟수가 많아서도 안 된다고 가르쳤다. 그러면 몸이 쇠약해져 건강을 잃게 되고, 급기야 죽을 수도 있다고 겁을 주었다.

이런 금기 사항을 어겼을 때는 그에 대한 처벌도 뒤따랐다. 예를 들어 자위를 하면 남녀에 따라 차등적 처벌이 뒤따랐는데, 남성은 20일간 금식을 해야 했고, 여성은 7년간 절식을 해야 했다. 심지어 몽정의 경우에도 7일간 금식해야 했다. 성관계를 일요일에 했을 때는 3일간 빵과 물을 마시며 속죄해야 했고, 부활절 전 40일 중 어떤 날이라도 성관계를 하면 1년간 속죄를 하거나 일정 금액의 자선금을 내야만 했다. 이러한 통제 속에 정상적인 부부라도 거리낌 없이 성관계를 맺을 수 있는 날을 꼽으라면 한 달에 서너 날 외에는 없었다.

이처럼 지독한 중세의 금욕적 성 윤리는 종교인에게도 적용되었다. 그래서 신을 위해서는 결혼보다 독신이 훨씬 유익한 것이라 생각했다. 결혼을 피하는 것이 제대로 된 신앙생활을 하는 척도가 되었고, 그런 점에서 수도원이나 수녀원에 입문하는 것이 최선의 신앙고백이 되었다. 물론 독신 사제가 되는 것도 신의 은총에 참여하는 최선의 길이라고 여겼다. 이처럼 인간에게 쾌락적 자극을 가져오는 것은 속되고 죄스러운 것이라 보았다. 교부들은 부부 관계 중에도 될 수 있는 대로 쾌락을 멀리하고 무덤덤하게 평정심을 유지하는 것이 좋은 것이라고 했을 정도다.

이런 극단적 성 기피 현상은 전적으로 그리스도교의 영향이라고만은 할 수 없다. 피타고라스, 엠페도클레스, 데모크리토스, 플라톤 등 대부분의 고대 그리스 사상가들도 성욕에 대해 극히 부정적 태도를 보였다. 그들은 하나같이 성행위를 무익한 것으로 보았고, 성욕을 극복의 대상으로 여겼다. 그들의 뒤를 이어 등장한 에피쿠로스와 스토아학파도 성에 대한 부정적 관점을 크게 바꾸지 않았다.

그리스도교가 서구 사회에 자리매김을 하고 여러 교부들이 활동했을 당시에도 이런 분위기는 그대로 유지되었고, 아담과 하와의 타락을 성적 욕망의 결과로 해석한 아우구스티누스에 의해 그런 경향은 더욱 강화되었다. 그래서 제대로 된 그리스도교도라면 될 수 있는 대로 성욕을 멀리하고 독신으로 순결한 삶을 사는 것이 신에게 가까이 가는 것으로 생각했다.

이런 금욕적 분위기는 교회 안에서도 이어졌고, 306년 엘비라 공의회에서 이 문제에 대한 논의가 본격적으로 다루어졌다. 공의회의 결의에 따라 사제가 미사 전날 아내와 성관계를 하면 파면에 처했고, 기왕에 결혼한 사제는 아내와 이혼해야 했으며, 머무는 곳에 절대 하녀를 쓸 수 없었고, 같은 성범죄라도 평신도보다 더 엄격히 다

루도록 했다. 그리고 교황 시리치오가 385년에 사제의 독신에 관한 법령을 제정한 이후 가톨릭교회의 독신주의는 제도적으로 자리 잡게 되었다.

물론 그렇다고 사제의 결혼이나 동거가 일순간에 사라진 것은 아니었다. 어쩌면 그 때문에 이전보다 심한 이중적 성 윤리가 작동했는데, 일반 신자에게는 매우 엄격한 성 지침을 지키라 하면서도 사제들은 여전히 아내나 연인이나 자녀를 자녀를 두고 있었기 때문이다. 이에 가톨릭교회는 12세기 들어 개최한 두 차례의 라테란 공의회를 통해 사제의 결혼 생활을 더욱 엄격하게 금지했다. 이제 사제의 결혼은 교회법상 범죄 행위가 되었고, 이를 무시하고 혼인해도 인정받지 못하게 되었다. 아울러 사제의 아내나 자녀들에게는 어떤 법적 보호를 해 주지 않았고, 이미 결혼한 사제는 이혼하거나 성직에서 물러나야만 했다.

육체의 사랑도 신의 축복이다

만약 교황 시리치오와 라테란 공의회의 처방이 제대로 먹혔다면 루터의 반론은 제기되지 않았을 것이다. 하지만 그는 매우 날카롭게 로마 가톨릭의 독신주의와 수도원주의를 몰아붙였다. 물론 그의 날선 일갈에는 칭의론이 자리하고 있다. 인간의 노력이 아니라 오로지 신의 선물인 은총을 통해서만 구원받을 수 있다는 그의 생각은 독신주의와 수도원 제도를 비판할 때도 그대로 적용되었다.

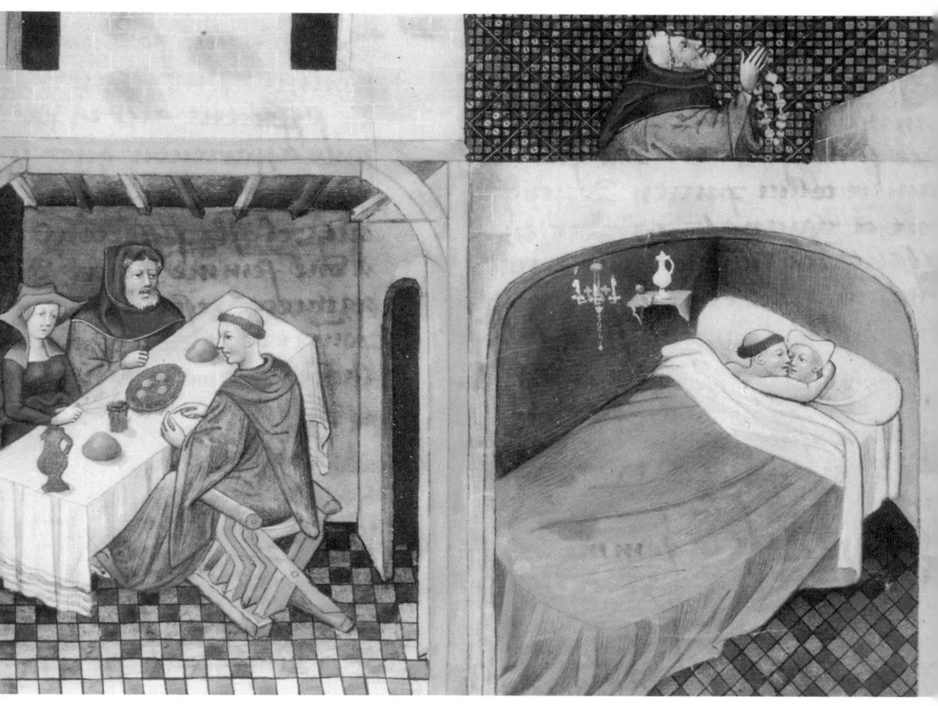

중세의 이중적 성윤리

중세의 성 윤리는 상당히 엄격하고 보수적이어서 부부간의 성관계조차도 출산을 위한 것이 아니면 부정적인 것으로 여겼다. 그 때문에 심한 이중적 성 윤리가 작동했다. 이 그림은 그런 중세 성 윤리의 일면을 보여 주는 『데카메론』의 한 장면으로, 남편이 기도를 드리고 있을 때 초대받은 수사는 남편의 아내와 한 침대 안에 있다. 루터는 육체 역시 신이 준 선물로서, 부부간의 애정 표현은 신의 명령으로 해석함으로써 중세의 금욕주의적 성 담론을 혁파했다.

루터는 우선 수도원 제도를 세 가지 이유를 들어 비판했다. 먼저 이 제도는 수도사나 수녀가 신의 은혜를 전적으로 따르도록 하기보다는 가난, 정절, 순종을 더 신뢰하게 만든다는 것이다. 루터는 이런 식의 행위 중심적 신앙 행태로는 신에 대한 믿음을 제대로 깨달을 수 없다고 보았다. 둘째, 수도원 제도는 이웃을 사랑하라는 신의 명령을 제대로 수행할 수 없도록 한다고 보았다. 수도원 내부로 한정되는 그들의 인간관계는 이웃을 제대로 사랑할 수 있는 길을 막는다고 보았기 때문이다. 셋째, 루터는 수도원 제도 자체가 성서와 맞지 않는다고 보았다. 왜냐하면 수도원의 삶은 신이 아니라 인간이 만든 규범에 따라 통제되기 때문이다.

루터는 계속해서 독신으로 사는 것이 결코 모범이 되지 못하고 신앙생활을 위해서도 큰 도움이 되지 않는다고 보았다. 이는 자신의 경험에 기초한 비판이기도 한데, 그는 자신을 포함한 적지 않은 사제들이 사정과 몽정을 한 뒤 죄책감으로 제대로 미사나 고해성사조차 수행하지 못하는 경우를 수도 없이 보아 왔기 때문이다. 또한 공적으로 결혼을 금지당한 사제들은 도리어 더 큰 성적 유혹에 빠져들었고, 그 때문에 교회와 사제를 둘러싼 추문이 사라지지 않는다고 보았다. 루터는 차라리 그럴 바에는 정상적인 결혼 생활을 통해 문제의 뿌리를 없애 버리는 것이 낫다고 여겼다. 그래서 그는 개혁의 가치와 더불어 사제들의 결혼을 장려하기에 이르렀다.

이에 루터는 칭의론을 성 담론에도 과감하게 적용했다. 칭의론은 타락하고 죄인일 수밖에 없는 인간을 신이 아무런 대가 없이 의로운 존재로 포용해 준다는 것이다. 그러한 은혜로운 포용에는 당연히 육체도 들어가 있다. 육체 역시 신이 인간에게 준 선물이기 때문이다. 정당하고 합법적인 결혼 생활은 신이 제정한 것이고, 그 안에서 이루어지는 행위에 문제가 있을 수 없다. 따라서 부부간의 성적 결합은 당연하고 더 나아가 신의 명령으로까지 인식되었다. 이에 대해 루터는 다음과 같이 말했다.

> 남자로 존재하지 않는 것이 내 능력 밖의 일인 것처럼 나는 여자 없이 살 수 없습니다. 마찬가지로 여자로 존재하지 않는 것이 당신들 능력 밖의 일인 것처럼 당신들은 남자 없이 살 수 없습니다. 어떤 남자든지 여자를 취해야 하고, 어떤 여자든지 남자를 취해야 함은 자유로운 선택이나 결정 사항이 아니라 자연스럽고 필수 불가결한 것이기 때문입니다. 하나님께서 "생육하고 번성하라"라고 하신 것은 우리가 훼방하거나 무시할 수 있는 명령이 아닙니다. (…) 육체적 결합은 잠자고, 걷고, 먹고 마시고, 용변을 보는 것보다 더욱 필요한 일입니다.
>
> — 마르틴 루터, 『마르틴 루터 박사 전집: 비평적 총서 45』, 18쪽

부부간의 애정 표현을 신의 명령으로 해석한 루터의 관점은 당시 교회의 성 윤리에서 볼 때 파격을 넘어 혁명적이었다. 루터는 작정하고 금욕주의적 노선을 비판하면서 당대의 성 담론을 혁파하기 시작했다. 그는 합법적인 부부간의 관계 자체는 장려해야 한다고 보았고, 그동안 금지한 종교 축일에 행하는 성관계도 불필요한 것이라 선언했다. 그는 과감하게 합법적이고 정상적인 남녀의 관계를

가로막는 모든 장벽을 거두어 버렸고, 이를 몸소 실행에 옮겼다. 그에게는 육체의 사랑도 신이 내린 축복이요 은총이며, 자연스러운 삶의 일부로 받아들여졌다.

루터의 이러한 과감한 성 담론은 종족 보존이라는 좁은 의미로만 해석해 오던 중세의 성관계를 부부의 상호적 배려와 친밀감 유지를 위한 행위로 보게 해 주었다. 따라서 자식이 없는 경우에도 부부 사이의 사랑 표현은 유효하고 필요한 것으로 볼 수 있게 되었다.

마르틴 부처 같은 다른 종교개혁가들도 이런 관점을 그대로 보여 주었다. 부처는 성관계를 회피하거나 성적 능력에 문제가 생겼을 때는 정당한 이혼 사유가 된다고 주장하며 결혼 생활에서 부부관계의 비중을 매우 높게 보았다. 루터를 비롯한 개혁가들은 이와 같은 결혼관과 성 담론으로 기존 가톨릭교회와는 완전히 다른 길에 섰으며, 이는 그들의 개혁적 주장을 더욱 도드라지게 했다. 이런 점에서 루터의 결혼이야말로 종교개혁의 정수요 꽃이라 해도 지나치지 않을 것이다. 따라서 종교개혁의 성공에 카타리나가 차지하는 비중은 루터의 그것보다 결코 낮다 할 수 없다.

최초의 공교육가, 루터

루터의 종교개혁은 중세의 교육에도 큰 변화를 가져왔다. 그의 교육관은 역시 만인사제주의에 기반하고 있다. 그는 이 관점에 근거해 무엇보다 공교육의 필요를 강조했다. 사제 계급의 도움 없이

도 신을 만나기 위해서는 결국 성서에 의존하지 않을 수 없었기 때문이다. 따라서 성서는 쉬운 민중의 언어로 번역되어야 하고, 사람들은 이 언어를 읽을 수 있도록 교육받아야만 했다. 당시 글자를 읽을 수 있는 사람이 극소수였다는 점을 생각하면 교육에 대한 그의 강조는 신앙적으로도 매우 중요했다. 이와 같이 그가 생각한 교육은 스스로 성서를 해독할 수 있는 능력 함양에 방점이 찍혀 있었다. 성서를 읽어야 구원도 가능했기 때문이다. 따라서 루터는 개혁 교회가 세워지는 곳마다 학교와 도서관을 세웠고, 나아가 여성에게까지 교육의 기회를 제공해야 한다며 공교육의 장을 확대해 나갔다. 그런 점에서 루터는 공교육을 제대로 강조한 최초의 교육가이기도 하다. 그러면 중세 유럽의 교육 현장을 잠시 살펴보자.

중세의 교육은 주로 교회가 주도했다. 그리고 교육의 목적 또한 성직자 양성에 맞추어져 있었다. 당시 교육기관으로는 수도원학교, 대성당학교, 대주교학교 등이 있었는데, 이미 이름에서부터 교회와 관련이 깊다는 것을 알 수 있다.

그러다가 중세 말에 이르러 상업과 금융업 등을 토대로 시민계급이 득세하고, 또한 도시가 발달하면서 점차 시민교육에 대한 요청이 커져 갔다. 그러나 기존 교회 중심의 교육체계로는 그들의 욕구를 모두 수용할 수 없을 뿐만 아니라, 성직자 양성을 목표로 하는 것 자체가 그들에게 썩 매력적이지 않았다. 하지만 교회로서도 교육기관에 대한 독점적 설립권을 쉽게 포기할 수 없었다. 당연히 교회와 시민계급 사이에는 어느 정도의 타협이 필요했고, 그 결과 학교를 세울 의지와 자본을 가진 영주나 시민계급은 반드시 교회의 허락을

중세의 교육

중세의 교육은 교회가 주도하는 가운데 주로 성직자 양성에 초점이 맞추어져 있었다. 만인사제주의에 기초한 루터의 교육관은 이러한 중세의 교육에도 큰 변화를 가져왔다. 그는 누구나 사제의 도움 없이 성서를 읽을 수 있어야 하며, 그러기 위해서는 만인에게 교육의 기회를 주어야 한다고 보았다. 이에 개혁 교회가 세워지는 곳에는 학교와 도서관이 들어섰다.

받도록 했다. 이렇게 기존 교회의 학교 설립 권한을 인정하면서도 영주나 시가 학교를 세울 수 있는 길을 열어 놓았다. 그렇게 만들어진 세속 학교가 바로 라틴어학교, 문법학교, 독일어학교다.

이렇게 세속의 자제들을 교육하는 기관이 만들어지면서 단순 성직자만이 아닌 전문가 양성을 위한 상위의 교육기관으로서 대학이 세워지기 시작했다. 여기에는 11세기 말부터 시작된 십자군 전쟁이 중요한 역할을 했다. 그리스도교계와 이슬람계의 충돌인 십자군 전쟁은 이질적인 두 세계의 교역 역할도 톡톡히 했다. 이를 통해 적지 않은 부를 확보하게 된 새로운 상공 시민계급의 등장을 낳았다.

시민계급은 새로운 지식과 정보에 관한 관심을 학문 활동을 통해 해결하려고 했고, 이것이 대학이라는 새로운 교육기관을 설립하도록 했다. 그런데 당시 대학은 지금 우리가 알고 있는 교육기관과는 성격이 매우 달랐다. 대학이라는 말이 가리키는 것은 '학교', 즉 '학문과 교육이 이루어지는 곳'이 아니었다. 당시에는 대학이 그런 공간적 의미보다는 '집단'의 뜻으로 사용되었다. 대학이란 교수 집단과 학생 집단이 자신의 이익과 권리를 지키기 위해 결성된 일종의 동업조합, 즉 길드였다. 따라서 중세에 등장한 대학은 '교수와 학생의 단일 공동체'로 해석되어야 한다.

12세기 무렵 이렇게 설립된 대학은 보편성, 자율성, 진리 탐구로 자신의 영역을 확보해 갔다. 당시 유럽 사회에서 대학이 세워지는 것은 여러모로 중요한 의의를 담고 있었다. 지역 경제에서 대학이 차지하는 비중이 크다 보니 대학은 이를 구실로 나름대로 독립권을 확보할 수 있었다. 이때 대학이 내세웠던 무기가 바로 휴교나 이주였다. 군주나 지역의 영주들은 울며 겨자 먹기 식으로 대학의 자율권을 인정하지 않을 수 없었다. 그래서 16세기 이전까지만 해도 교수의 저술 활동에 대한 검열이나 감시는 전혀 없었다고 한다.

이런 대학 사회에 변화가 생기기 시작한 것은 16세기 이후로, 바로 루터가 활동하던 시기다. 사실 루터의 종교개혁이 대학 사회의 변화에 적지 않은 영향을 주기도 했다. 종교개혁은 로마 가톨릭으로 통일되어 있던 유럽 사회에 균열을 내었고, 이를 통해 자국민 중심주의가 등장했으며, 아울러 라틴어보다는 자국어 중심의 사조가 강화되면서 대학도 이전의 보편적 성격을 많이 잃어버렸다. 이렇게 대학이 배타적 지역주의라는 논리의 볼모가 되면서 유럽의 대학은 보편성, 자율성, 진리 탐구라는 이전의 강력한 특징이 퇴색하며 점차 긴 침체의 길로 들어섰다.

모든 도시에 학교를 세우라

교육에 대한 루터의 생각은 다음 두 개의 글에 잘 드러나 있다. 하나는 1524년에 작성한 「그리스도교 학교를 세워 활성화할 것을 호소하며 독일 모든 도시의 시의원에게 드리는 글」이다. 이 글에서 루터는 독일에 있는 모든 도시에 학교를 설립할 것을 호소했다. 그는 1530년에 비슷한 성격의 글을 하나 더 발표했는데, 그것은 「어린이를 학교에 보낼 것을 호소하는 설교」다. 이 글에서도 그는 어린이들을 위한 학교를 설립하고 그곳에서 그리스도교적인 양육을 시행하자고 주장했다.

이 두 개의 글 외에도 루터는 유명한 두 권의 교리 문답서를 저술함으로써 교육에 대한 관심을 이어 갔다. 일반인과 미숙한 목회자를 위한 『대교리문답서』, 어린이를 위한 『소교리문답서』가 그것이다. 두 책 모두 그리스도교의 핵심이라고 할 수 있는 십계명, 사도의 고백, 주의 기도, 세례, 성만찬을 알기 쉽고 명쾌한 언어로 설명한다. 루터는 이렇게 교육을 통해 당시 퇴색한 신앙을 다시 바로잡고자 했다.

루터는 학교 설립은 '영의 나라'와 '세상의 나라' 모두를 위해서도 필요하다고 보았다. 영의 나라, 즉 신앙의 측면에서 보자면 복음을 받아들이고 이해하기 위해서라도 성서를 가르쳐야만 했다. 성서를 제대로 이해하고 읽기 위해서는 최소한 자국어를 읽고 쓸 수 있는 수준이 되어야 했다. 이에 루터는 먼저 성서를 독일어로 번역했고, 아울러 예배의 많은 부분, 심지어 찬송가까지 독일어로 만들었다. 이제 교육받지 못하던 이들에게 모국어라도 가르칠 수 있는 기관이 필요했다. 그리고 이 기관은 남녀노소 모두에게 문을 열어야 했다. 이렇게 루터는 자신의 칭의론을 위해서라도 교육 기관 설립이 절실히 필요했다. 그래서 루터의 개혁 운동에 동참하는 지역마다 우선 언어를 가르치는 학교를 세우는 일에 전심전력했다.

학교 설립은 세상의 평화를 위해서도 중요한 일이다. 루터는 교육받지 못한 인간은 서로 물어뜯고 죽이는 무질서의 세계에 방치될 뿐이라고 생각했다. 그리고 그가 주창한 만인사제주의에 근거하더라도 교육은 꼭 필요했다. 만인사제주의는 비단 성직자뿐만 아니라

독일 최초의 개신교 대학인 마르부르크대학

종교개혁의 든든한 후원자였던 헤센의 방백 필리프의 지시로 당시 가톨릭 수도원으로 사용되던 건물에서 수도사들을 내보내고 개신교 신학생을 받아들임으로써 문을 열었다. 필리프의 영향으로 마르부르크는 종교개혁 초기부터 신교의 중심지가 되었다.

세상의 모든 이들이 다 신의 소명을 받았다고 보는 것이다. 따라서 자신이 받은 신의 소명을 성실히 잘 수행하기 위해서라도 교육은 반드시 필요하다. 여기에 예외자가 있어서는 곤란하다. 여성이라도 응당 교육받아야 한다. 그래야 그도 신의 소명에 따라 공동체를 위한 일을 할 것이며, 그래야 세상이 평화로울 수 있기 때문이다. 이렇게 루터에게 교육이란 신께 봉사하기 위한 일종의 훈련으로 인식되었다.

루터가 학교 설립을 강조한 것은 단순히 교리나 신학적 이유 때문만은 아니었다. 현실적으로도 교육기관 설립은 매우 필요했다. 바로 그가 주도한 종교개혁 때문이었다. 앞서도 이야기했듯이 당시 교육의 주체는 가톨릭교회였다. 그런데 종교개혁이 진행되면서 개신교가 장악한 지역에서는 이런 가톨릭 교육기관이 모두 운영을 중지하는 일이 생겨났다. 그러니 개신교 지역에서는 나라와 교회를 운영하고 행정을 펼칠 전문 인력이 필요해졌다. 개신교로 합류한 교회에 개혁적 성향의 성직자를 파송하기 위해서라도 그들을 교육할 수 있는 기관이 매우 절실해졌다. 이런 환경에서 루터는 시의회나 유력한 귀족들에게 학교 설립을 호소하지 않을 수 없었다.

하지만 단순히 학교만 교육의 장은 아니었다. 루터는 그보다 가정이 먼저 교육의 전초기지가 되어야 한다고 생각했다. 교육이야말로 부모에게 부여된 원초적 과제이며, 가정에서부터 교육을 시작하는 것이 성서의 가르침과도 맞아떨어진다고 보았기 때문이다. 루터는 자녀가 부모를 공경해야 한다는 십계명의 조항을 교육적 차원에서 해석했다. 자녀가 부모를 공경하기 위해서는 그에 대한 교육이

선행되어야 한다고 본 것이다. 따라서 자녀 교육에 대한 기초 책임은 부모에게 있다. 다만 부모가 자녀 교육을 제대로 수행할 수 없을 때 학교와 교회가 필요한 것이다.

그런 점에서 학교는 공적 기능을 해야 하며 마땅히 국가가 설립해야 한다. 교육이야말로 세상의 평화와 발전을 위해서 필요한 것이기 때문이다. 국가 발전을 위해 도움이 될 만한 전문 인력을 육성하기 위해서는 학교 설립이 필수적이다. 아울러 도덕적이고 윤리적인 시민을 기르는 것도 중요한 일이다. 이렇듯 루터의 교육은 공적 성격이 강하다. 그런데 루터가 말하는 학교는 일반 세속 학교를 뜻하지는 않았다. 그는 그리스도교적 신앙을 가르치는 학교를 생각했다. 그는 무엇보다도 제대로 된 훌륭한 그리스도적 신앙인을 만드는 것이 교육의 중요한 목적이라고 보았다.

공교육 기관 설립의 주체를 국가로 본다면 교회의 역할은 무엇일까? 루터는 공적 기관인 학교를 관리 감독하는 기능을 교회가 해야 한다고 보았다. 교회는 학교의 교육 과정과 학제, 학생과 교사의 자격 등을 법으로 규정하여 관리 감독할 수 있는 권한을 가져야 한다. 이렇게 루터의 학교는 국가와 교회의 공동 책임 아래에 운영되는 기관이었고, 그것이 목적하는 바는 종교 수업을 통해서도 알 수 있듯이 성숙한 신앙인 양성에 있었다. 이 점에서 루터의 공교육은 지금과 같은 의미의 세속 교육과는 다르다. 그는 여전히 그리스도교적 국가 아래의 공적 신앙 교육의 터전으로 학교를 생각하고 있었다.

루터는 교육에 대한 이론적이고 신학적인 방향을 제시하는 데 멈추지 않고 실제로 학교 개혁과 감독에 나서기도 했다. 그리고 1528년에는 그의 오랜 동료인 멜란히톤과 함께 『감독자를 위한 지침서』라는 책을 출간했다. 이 책에는 학교 운영, 수업 모델, 반 편성 등에 대한 구체적 내용이 제시되어 있다. 이 책은 이후 오랫동안 독일 공교육 현장의 모범적 안내 책자 역할을 했다.

한 사람의 집념 어린 신앙이 참으로 많은 것의 변화를 가져왔다. 루터의 칭의론은 이렇게 공교육의 모습으로 생활 현장을 변화시켜 나갔다. 애초에 그의 기획은 성서를 읽을 수 있고, 그래서 복음을 받아들일 수 있는 교양인을 양육하는 것이었지만, 결국 그의 계획은 공교육으로 세상에 남았다.

종교개혁을 둘러싼 결혼 이야기

종교개혁은 신앙의 영역에만 머문 것이 아니라 결혼 같은 사회 관습의 변화에도 적지 않은 영향을 끼쳤다. 종교개혁과 관련한 결혼 이야기 중에는 헤센의 방백 필리프의 일화가 유명하다. 필리프는 열아홉 살에 게오르크 공작의 딸과 결혼했다. 이는 매우 정략적인 선택으로서, 당시 흔한 결혼 관습이었다.

중세 귀족 가문의 결혼에는 크게 두 가지 유형이 있었는데, '문트 결혼'과 '프리델 결혼'이 그것이다. 문트 결혼이란 합법적 결합으로, 주로 양가의 경제적 이득이나 정치적 이권을 나누기 위해 하는 것이다. 이 경우 남편은 부인에 대해 합법적 지배권을 갖는다. 반면 프리델 결혼은 남녀 간의 사랑에 기초한 결합이며, 합법적이지 않다. 이 경우 남편은 부인에 대해 합법적 지배권을 갖지 못하며, 부인 역시 결혼을 통해 얻을 수 있는 권리를 주장할 수 없었다. 아울러 둘 사이에서 생겨난 아이에게도 정상적인 상속권을 주지 않았다. 따라서 중세는 합법적으로는 문트 결혼을 통해 유력한 배우자를 옆에 두고, 프리델 결혼을 통해 개별적 로맨스를 충족하는 경우가 허다했다.

필리프도 이런 중세의 결혼 풍습에 따라 결혼식을 올렸다. 전형적인 문트 결혼이었다. 하지만 낭만적이고 자유분방했던 그는 이 결혼에 만족할 수가 없었다. 결국 그가 택한 방법은 이중 결혼이었다. 이것이 화근이었다.

그는 두 번째 아내를 정부가 아닌 정식 부인으로 받아들이려 했다. 그런데 당시 이중 결혼은 1532년에 선포된 황제의 형법에 따라 사형감이었다. 신교의 든든한 후원자였던 필리프는 루터를 비롯한 종교개혁가들에게 도움을 요청하면서 자신의 이중 결혼을 눈감아 달라고 부탁했다. 이를 위해 그는 협박까지도 서슴지 않았다.

당시 독일 지역의 개신교 제후들은 가톨릭교회와 맞서기 위해 슈말칼덴 지역에 모여 동맹을 결성했다. 그것이 바로 슈말칼덴동맹이다. 그런데 필리프는 자신의 이중 결혼을 허용하지 않으면 이 동맹 관계를 흔들겠다고 으름장을 놓았다. 개혁의 성공을 위해서는 필리프라는 막강한 제후의 도움이 필요했던 루터와 그의 동료들은 결국 필리프의 이중 결혼을 눈감아 주고 말았다.

그러나 이 일은 두고두고 루터에게 뼈아픈 실책으로 남았다. 필리프의 이중 결혼은 곧 만방에 드러났고, 이를 눈감아 준 루터와 그의 동료들 역시 비난의 화살을 비껴 갈 수 없었기 때문이다. 그리고 이 때문에 프로테스탄트 동맹도 곤란에 처할 수밖에 없었다. 도덕

헤센의 방백 필리프와 그의 두 번째 아내인 마르가레테 폰 데어 잘레.

자신의 로맨스로 성공회를 탄생시킨 헨리 8세.

적 결함을 지닌 필리프가 황제 앞에 당당할 수 없었고, 이는 곧 동맹의 위기를 불러왔기 때문이다.

종교개혁과 관련한 또 다른 유명한 결혼 이야기의 주인공은 바로 영국의 헨리 8세다. 그의 첫 왕비는 스페인의 공주 아라곤의 캐서린이었다. 그녀는 본래 헨리 8세의 형수였다. 그런데 형이 사망하자 그의 부친은 스페인과의 정치적 관계를 고려하여 강제로 헨리 8세와 혼인시켜 버렸다.

형의 아내를 취한 헨리 8세는 계속 밖으로 눈을 돌렸고, 결국 왕비의 시녀였던 앤 불린과 사랑에 빠졌다. 헨리 8세는 그녀와 결혼하기 위해 왕비와 이혼하고자 했으나 로마 교황청은 당연히 이를 허락하지 않았다. 이에 격분한 헨리 8세는 로마 교황청과의 관계를 끊어 버리고 영국의 가톨릭교회를 성공회로 만들어 버렸다.

이 정도에서 로맨스가 마무리되면 좋았으련만 앤에게서 아들을 얻지 못하자 헨리 8세는 또 눈을 다른 곳으로 돌려 버렸다. 결국 그는 앤에게 누명을 씌워 사형에 처하고 세 번째 왕비로 제인 시무어를 맞이했다. 그러나 그녀와의 결혼 생활도 그리 오래가지 못했다. 아이를 낳다가 얻은 산욕열로 제인이 사망했기 때문이다. 이후 헨리 8세는 독일 출신의 클레페의 앤 공주와 결혼했다가 또다시 이혼하고, 두 번째 왕비였던 앤 불린의 사촌인 캐서린 하워드와 결혼했다. 하지만 캐서린의 외도가 드러나면서 이 결혼도 오래가지 못했다. 캐서린을 참수형에 처한 헨리 8세는 과부 캐서린 파와 결혼했다.

이처럼 잦은 이혼과 결혼은 충직한 가톨릭교도였던 헨리 8세에게도 적지 않은 변화를 가져왔다. 초기 가톨릭 신앙의 보호자임을 자청하면서 루터와 그의 종교개혁에 반감을 보였던 헨리 8세는 결국 자신의 이혼과 재혼 문제로 가톨릭으로부터 독립한 성공회를 설립했고, 나중에는 루터에게까지 손을 내밀었으니 말이다. 더는 가톨릭교회로부터 인정받을 수 없었던 헨리 8세로서는 새롭게 떠오르는 신교 세력의 후원이라도 받고 싶었기 때문이었을 것이다.

06

MARTIN LUTHER

미디어 혁명

인쇄술의 발명으로 예술과 동시에 사상도 도처에서 해방되었다. (…) 인쇄술 이전이라면 종교개혁은 교회 분리에 불과했을 것인데, 인쇄술은 그것을 혁명으로 만들었다. 인쇄물을 제거한다면 이교는 무기력해질 것이다. 그것이 숙명이든 하느님의 섭리든 간에 구텐베르크는 루터의 선구자다.

— 빅토르 위고, 『파리의 노트르담 1』, 348쪽

또 하나의 혁명

마인츠는 종교개혁의 성공에서 빼놓을 수 없는 인물인 구텐베르크를 배출한 도시로, 루터를 이해하는 데도 중요한 곳이다. 지난 1000년 동안 인류 역사에서 가장 큰 영향을 끼친 사람으로 구텐베르크만 한 이도 없을 것이다. 탁본과 판화를 중심으로 인쇄하던 이전과 달리 틀과 금속으로 만든 다양한 알파벳으로 이루어진 구텐베르크의 활판 인쇄술은 인류 문화의 흐름을 바꾸어 놓았다.

활자의 발명은 인쇄비의 가성비를 최대치로 끌어올렸고, 그 덕에 책값은 이전과 비교할 수 없을 정도로 떨어졌다. 이제 누구든 어느 정도 여유만 가지고 있으면 값싸게 다양한 지식과 정보를 습득할 수 있게 되었다. 특정한 공간과 시간에 묶이지 않는 지식과 정보의 출현은 바로 활자를 통해 가능해졌다. 이를 매우 효과적으로 활용한 사람이 루터다. 믿음에 대한 그의 새로운 해석학적 견해가 이 활자를 통해 유럽 전역으로 급속하게 퍼져 나갔다. 이런 문자 시대를 활짝 연 구텐베르크를 만나지 않고서 어찌 루터의 생애를 살필 수 있겠는가. 따라서 루터 기행의 방문지로 구텐베르크의 고향인 마인츠는 충분한 자격이 있다 하겠다.

루터는 여느 혁명가처럼 총과 칼로 세상을 바꾸지 않았다. 그는 병사도 귀족도 군주도 아니었다. 다만 그가 보통 사람들과 달랐던 점은 문자를 능숙히 다루는 지식인이었다는 것이다. 현실 속의 그는 병사를 거느린 군주에게는 한줌거리도 되지 않는 지극히 평범한 서생에 지나지 않았다. 그런 연약한 사람이 세상을 바꾸었다. 총과 칼이 아니라 바로 펜과 글로 말이다!

따지고 보면 루터가 사용한 펜과 글은 그만이 독점한 것이 아니었다. 이 문명의 도구는 루터 이전부터 이미 존재했다. 그렇다면 루터의 혁명이 성공한 것은 단지 펜과 글에만 기댄 것이 아님을 알 수 있다. 펜과 글은 생각을 남에게 전달하기 위한 미디어다. 어떤 운동이 거대한 사회혁명으로까지 이어지려면 무엇보다 빠르고 정확한 확산이 필요하다. 루터의 시대에는 구텐베르크가 내놓은 활자 인쇄술이 바로 그 역할을 담당했다.

사실 인쇄술로만 따지면 구텐베르크 이전에 이미 중국과 한국 등에서 눈부신 발전이 있었다. 세계에서 가장 오래된 현존 금속 활자본은 1377년에 조선에서 펴낸 『직지심체요절』이다. 이는 구텐베르크의 활자 인쇄보다도 한 세기 정도 빠른 것이다. 그렇지만 역사는 구텐베르크의 활자를 더 또렷이 기억한다. 왜일까?

우선 두 문화권의 문자 체계가 다르다는 점을 들 수 있다. 구텐베르크의 인쇄술이 담아 낸 문자는 수십 개 정도의 알파벳이었던 반

마인츠에 있는 구텐베르크광장

루터의 개혁 운동은 구텐베르크의 활자 인쇄술을 만나면서 유럽 전역으로 퍼져 나갔다. 그러므로 구텐베르크를 배출한 마인츠는 종교개혁을 이해하는 데도 중요한 곳이다. 구텐베르크광장에는 구텐베르크 동상이 마인츠대극장을 마주 보고 서 있다.

면, 조선의 금속활자 인쇄술이 담아 낸 문자는 뜻글자에 해당하는 수만 개의 한자였다. 그러니 활자 제조에서부터 난이도에 현저히 차이 났던 것이다.

또한 조선을 비롯한 아시아권의 금속활자 인쇄는 주로 관 위주로 이루어졌다는 점도 지적하지 않을 수 없다. 그러니 아무래도 지배층 중심의 입장을 대변하는 체제 옹호적 문헌을 주로 출간하게 되었다. 반면 구텐베르크의 인쇄술에 담긴 것들은 체제 순응적인 문서들뿐만 아니라 혁명적 내용도 포함되어 있었다. 대표적인 것이 루터의 책으로, 그것은 가톨릭의 견고한 이념의 성을 허무는 데 큰 역할을 했다.

마지막으로 인쇄 생산 단가의 차이를 꼽을 수 있다. 구텐베르크 활자 인쇄술은 출간물의 단가를 이전보다 확실히 눈에 띄게 낮추었다. 목판과 달리 활자는 글자본 하나하나를 따로 제작하는 것이다. 이는 이전처럼 한 페이지를 한 판본으로 만들던 방식과는 완전히 다른 것이다. 이전 방식대로 하면 글씨 한 자만 틀려도 그 판본은 모두 폐기해야 했다. 반면 활자 인쇄는 같은 글자를 다량으로 제작해 활자를 꼽을 수 있는 틀을 만들어 거기에 글자를 자유롭게 옮겨 끼우는 방식이다. 그러니 글자 하나가 잘못되어도 그 부분의 활자만 바꾸어 끼우면 될 뿐이다. 이것만으로도 인쇄의 생산 단가는 크게 떨어진다.

사실 활자 인쇄술은 구텐베르크 이전에도 존재했다. 다만 구텐베르크는 기술을 개발하여 상용화의 길을 열어 준 것뿐이다. 인쇄의 역사에서 구텐베르크가 남긴 공헌은 '활자 주조 기술의 혁신'과 '인쇄기의 발명'이었다.

그는 손쉽게 활자를 만들기 위해 패트릭스(아비자)와 매트릭스(어미자)를 고안했다. 패트릭스는 뾰족하고 길쭉한 금속 위에 글자를 반대 방향으로 새겨 놓은 것이고, 매트릭스는 패트릭스보다는 조금 연한 구리 같은 금속으로 만들어진 일종의 거푸집이다. 그래서 단단하고 오목한 패트릭스로 매트릭스에 자국을 내면 그 안에 글자 모양이 찍히고 거기에 납을 녹여 같은 모양의 활자를 많이 만들어 낼 수 있었다. 이 방식으로 하면 매번 새로운 활자를 깎아 낼 필요가 없다.

구텐베르크는 인쇄기도 발명했다. 그는 포도씨 기름을 짜는 압축기로부터 착안하여 인쇄기를 개발했는데, 그 이유는 사용하던 종이의 질 때문이었다. 당시 인쇄용으로 일반적으로 사용하던 종이는 중국과 한국의 것에 비해 두텁고 단단해서 사람의 손으로 문질러 인쇄하기란 쉽지 않고 많은 힘이 들었다. 게다가 여전히 출판용으로 양피지가 선호되던 때여서 강한 압력을 낼 수 있는 인쇄기가 필요했다. 따라서 구텐베르크가 개발한 압착 인쇄기는 매우 효과적으로 사용될 수 있었다.

이런 구텐베르크의 획기적인 인쇄 기법은 새로운 문화 혁명을 일으키는 자양분이 되었다. 그의 발명에 힘입어 정확한 복제와 대량 인쇄가 가능해졌다. 이는 출간물의 가격을 대폭 낮추는 데 큰 역할을 했다. 이제 어느 정도의 재정만 있으면 누구든지 책을 사 볼 수 있게 되었다. 아울러 구텐베르크의 인쇄술은 책 출간 기일을 혁신적으로 단축했다. 당시 보통 책 하나를 필사하는 데 두 달 정도 걸렸

15세기 인쇄소의 모습

구텐베르크는 활자 인쇄술뿐만 아니라 포도씨 기름을 짜는 압축기에서 착안하여 인쇄기도 개발했다. 그의 발명에 힘입어 대량 인쇄가 가능해졌고, 이는 출간물의 값을 대폭 낮추게 함으로써 독서 인구를 확대시켰다. 이는 루터의 개혁 운동에도 중대한 기여를 했다.

지만, 새로운 압착 인쇄기를 이용하면 1주일에 대략 500권 정도의 책을 제작할 수 있었다.

이와 같은 변화는 루터의 종교개혁에도 매우 중대한 기여를 했다. 제아무리 루터가 혁명적 사상을 가지고 있다 하더라도 그것이 재빨리 인쇄되어 유럽 전역으로 전파되지 않았다면 그는 막강한 바티칸의 권력에 희생된 소소한 인물로 기록되었을 것이다. 하지만 구텐베르크의 인쇄술에 힘입어 루터의 글과 생각은 바티칸이 손을 쓰기도 전에 수많은 이들에게 전파되어 커다란 공감을 불러일으켰다. 한 명의 루터라면 쉽게 관리할 수 있었겠지만 수백, 수천, 수만의 루터는 더는 통제의 대상이 될 수 없었다. 따라서 묄러의 "서적 인쇄 없이 종교개혁은 없다!"라는 선언은 전적으로 옳다.

미디어 전사, 루터

루터는 행운의 사람이었다. 15세기 무한정 영역을 확장하고 있던 유럽의 독서 시장, 점점 늘어나고 있던 세속 문서와 그것을 다루는 시민계급의 성장, 곳곳에 장사진을 이루고 있던 필사 공방, 얼마 되지 않는 지식인들의 독서 수명을 연장한 시력 교정용 안경의 발명, 그리고 이 모든 것의 화룡점정이었던 구텐베르크의 인쇄술까지! 이 모든 것이 루터라는 한 시대정신을 기다렸던 것이 아닌가 싶을 만큼 모든 것이 딱딱 맞아떨어졌다. 루터 역시 이 변모된 미디어 환경을 제대로 활용할 줄 아는 지식과 명민함과 열정을 갖추고 있었다.

여기서 미디어라는 단어에 대해 좀 더 살펴보기로 하자. 미디어란 '무엇인가를 매개해 주는 것'이다. 사실 이 단어가 활발하게 유통되기 시작한 것은 그리 오래되지 않았다. 16세기 후반부터 사용되기는 했지만 본격적으로 미디어라는 개념에 집중하기 시작한 것은 마샬 맥루한이 『미디어의 이해』라는 혁신적 저서를 펴낸 이후일 것이다. 이전까지 미디어에 대한 관점은 주로 그것이 전하는 메시지에 집중했다면 맥루한은 역으로 미디어 자체에 더 관심이 많았다. 나아가 그는 미디어란 단순히 매개적 도구에 멈추어 있지 않고 메시지에 영향을 주며, 종국에는 메시지 그 자체가 될 수 있다고 주장했다.

맥루한은 이런 미디어관을 가지고 인류의 역사를 새롭게 기술했다. 그것이 바로 구어 시대, 문자 시대, 인쇄 시대, 전기 시대다. 여기서 인쇄 시대는 구텐베르크 시대에 해당한다. 맥루한은 구텐베르크의 인쇄술이 인류의 '탈부족화'를 가속했다고 보았다. 왜냐하면 인쇄 시대에는 무엇보다 시각이 강조되었기 때문이다. 이제 사람들은 더 이상 함께 모여 접촉하면서 머리를 조아려 무엇인가를 할 필요가 없어졌다. 잘 정리된 정보가 책에 고스란히 담겨 있는 상황에서 굳이 사람들이 모여 촉각을 나눌 필요가 없었던 것이다. 능력만 있으면 책을 구해 스스로 필요한 정보를 얻으면 될 뿐이다. 그러니 무엇보다 시각 중심적 지각 행위가 강조되었다. 이제 듣거나 만지거나 사람들과 어울릴 필요는 점점 줄어들었다. 이는 중세의 집단주의라는 주술을 풀기에 제격인 마법의 약이었다. 알게 모르게 사람들은 홀로 책을 읽으면서 집단과 그것에 기생하고 있던 중앙집권적 권위주의로부터 멀어졌다. 그리고 이를 온몸으로 실현하고 있었던 이가 바로 루터였다.

그런 점에서 루터는 제대로 된 미디어 전사였다. 인쇄 시대의 혜택을 고스란히 수용하며 당당히 기존의 중세와 맞설 수 있었던 것도 바로 이 미디어 혁명의 진액을 흡수하고 있었기 때문이다. 미디어 전사로서의 면모는 그가 쏟아 놓은 책들의 양으로도 확인할 수 있다. 1517년, 두 편의 글로 시작된 루터의 출간 행진은 1523년에는 346편에 이르렀다. 이는 그해 독일어로 출판된 900여 편의 글 중 38퍼센트에 해당한다. 1528년에도 60편에 달하는 출판물을 펴내는 등 루터는 다작 작가로서의 명성을 꾸준히 이어 갔다. 16세기 초까지 간행된 독일어 인쇄물이 40여 종에 지나지 않았다는 사실에 비추어 볼 때 루터의 출간물은 분량과 속도 면에서 실로 압도적이다. 심지어 질병도 그의 글쓰기를 막아 낼 수 없었다. 1521년에는 무려 7개월을 병중에 있었는데도 30개의 논문을 썼고, 100여 통의 편지를 썼다. 이처럼 타고난 글쟁이인 그의 집필에는 마침표가 없었다.

1520년에 루터가 펴낸 『그리스도교 상황의 개선에 대해 독일 민족의 그리스도교 귀족에게 고함』은 불과 며칠 만에 초판이 동이 날 지경이었다. 그 책은 쇄를 거듭하여 출판된 해에 15쇄를 찍었다. 루터의 『9월 성서』도 불티나게 판매되었다. 이 성서는 1534년까지 무려 85쇄를 찍었고, 총 10만 부나 팔려 나갔다.

루터는 글을 쓸 때 라틴어와 독일어를 사용했다. 라틴어는 주로

바이마르판 루터 전집

루터가 쓴 방대한 양의 글은 1883년이 되어서야 전집으로 출간되기 시작했고 2009년에 이르러서야 완간되었다. 바이마르판이라 부르는 이 전집은 127권으로 이루어져 있다. 오늘날에는 이 전집을 인터넷을 통해서도 볼 수 있다.

학술적인 글을 쓸 때, 독일어는 대중적인 글을 쓸 때 사용했다. 그의 글은 적절한 위트와 조소, 날카로운 풍자 등이 잘 버무려져 있다. 무엇보다 소통과 전달에 주안점을 두었던 그의 의지가 담긴 글쓰기 방식이었다고 할 수 있겠다.

루터가 쓴 많은 양의 글은 후에 편찬된 그의 전집 규모로도 가늠할 수 있다. 루터의 전집 출간은 1883년 그의 400번째 생일을 기념하여 시작되었고, 2009년에 이르러서야 마침표를 찍었다. 이 전집을 '바이마르판'이라 부르는데, 정식 명칭은 『마르틴 루터 박사 전집: 비평적 총서』다. 총 127권의 단행본으로 이루어졌고, 총 8만여 쪽에 이른다. 전집은 여섯 권의 『탁상담화』, 열다섯 권의 성서 주석, 열여덟 권에 이르는 서신 묶음, 여든 권에 이르는 다양한 저작으로 구성되어 있다. 분량이 워낙 방대하다 보니 그의 책만으로도 웬만한 책장 하나 정도는 충분히 채울 수 있다. 요즘에는 친절하게도 이 바이마르판 루터 전집을 인터넷에서 볼 수 있을 뿐만 아니라 심지어 다운로드까지 가능하다. 다만 오래된 독일어 인쇄체로 되어 있어서 이에 익숙하지 않은 사람은 읽어 내기가 힘겨울 수 있다.

루터가 인쇄 혁명을 통해 미디어 전사가 되었지만 정작 그 자신은 한 푼의 저작권료도 받지 않았다. 루터의 책으로 돈을 번 사람은 인쇄업자인 멜키오르 로터였다. 당시 독일 출판의 중심지 라이프치히의 인쇄업자였던 그는 루터의 95개 논제를 비롯하여 많은 수의 종교개혁 관련 문서를 출판했다. 막대한 이익금을 안겨 준 루터에 대한 로터의 배려는 숙소 제공 정도였다. 루터가 라이프치히를 방문할 때마다 로터는 기꺼이 그가 머물 수 있는 방을 제공했다. 그것 말고 루터가 로터에게 직접 받은 금전적 지원은 없었다. 인쇄업자에게 루터는 황금알을 낳은 거위였다. 안 그래도 인기 좋은 루터의 글을 마음껏 찍어 낼 수 있었고, 또한 루터의 글쓰기 속도도 남달리 빠른 탓에 자금 회전율도 좋았다. 이는 루터의 사상이 유럽 전역으로 퍼져 나가는 데 적잖이 긍정적 역할을 했다. 이렇듯 루터는 중세 미디어 혁명의 최대 수혜자요, 인류 최초의 특화된 미디어 전사이기도 했다.

EPILOGUE

중세의 끝에서 근대를 부르다

서구 역사에서 루터가 남긴 자취는 지대하다. 종교 영역뿐만 아니라 다양한 분야에서 그가 끼친 영향은 크고 지속적이며 혁신적이다. 하지만 루터 스스로 그 모든 것을 기획한 것은 아니다. 중세 독일의 작은 동네에서 수도사요 교수로서 일하고 있던 루터는 단지 자신의 신앙적 깨달음에 진솔하게 반응하고자 했을 것뿐이다.

루터의 열망은 그만의 것이 아니었다. 이미 영국의 존 위클리프, 보헤미아의 얀 후스, 15세기의 신비주의 운동, 독일과 네덜란드의 공동생활형제단, 토마스 아켐피스 등 그와 같은 고민을 한 선각자는 적지 않았다. 하지만 그들의 열망이 제대로 세상에 목소리를 내기까지는 시간적 성숙이 필요했다. 루터는 바로 그 '때'를 제대로 타고났다고 해야 할 것이다.

교수 신분에 라틴어와 고대 그리스어에 능통했다는 점, 그리고 그런 능력을 통해 성서에 대한 이해가 깊었다는 점 등이 루터의 발언에 힘이 실리게 했다. 마침 독일 지역에 퍼지기 시작한 활자 인쇄술은 그가 펼친 개혁 운동에 실질적 날개를 달아 주었다. 아울러 백년전쟁, 장미전쟁 같은 여러 전쟁과 페스트의 대유행, 가톨릭교회의 분열과 인문주의의 득세 등이 루터의 지원군이 되었다.

하지만 안팎의 그런 여러 요소를 떼어 내고 보면 꽤 보수적인 수도사의 모습을 루터에게서 발견하게 된다. 그는 결코 농민들의 편에 서지 않았고, 주로 영주들의 힘을 빌려 자신의 개혁 사업을 완수하려 했다. 16세기 독일의 농민들은 과도한 세금과 지역 방백들의 횡포에 분노하며 곳곳에서 항거하기 시작했다. 당시 농민들은, 가톨릭교회에 당당히 저항하며 만인사제주의를 외친 루터가 자신의 후원자가 될 것이라 기대했다. 하지만 루터는 그렇게 하지 않았다. 그는 농민의 요구 중 수탈과 세금 문제에 대해서는 지지를 표명했지만 목회자 선임권과 노예해방에 관한 것은 단호히 거부했다. 이런 루터의 태도는 영주와 농민 사이에서 기계적 중립을 지킨 것처럼 보이지만 당시 농민들이 느꼈을 실망감은 상당했을 것이다.

그러다가 1525년 5월에 루터는 「폭도들에게 고함」이라는 글을 씀으로써 농민들과는 완전히 다른 길에 서게 되었다. 그 글에서 루

드레스덴에 있는 루터 동상

루터의 심대한 영향을 말해 주는 듯 독일 어디를 가든 그의 동상을 쉽게 찾아볼 수 있다. 독일어 성서, 독일어 찬송가, 독일어 성례전 등 독일스러운 많은 것이 루터에게서 비롯되었다. 그래서 독일 민족의 정체성 확립이 필요할 때마다 루터의 이름이 등장했다.

MARTIN LUTHER

터는 제후들에게 무력으로 농민을 제압해도 상관없다고 했다. 이어 시작된 진압군의 폭력으로 수천 명의 농민군이 학살당했다. 농민전쟁 동안 희생당한 농민은 약 10만 명에 달했다. 루터 역시 이 끔찍한 학살극에 일정 부분 책임이 있다고 할 것이다. 이유야 어떻든 제후들의 무력 사용을 용인해 준 것이 그였으니 말이다. 이런 점에서 그는 여전히 중세적 한계에서 벗어나지 못한 인물이다. 그가 신앙적으로는 주체적 개인을 찾고 또한 개혁의 기치를 들었는지는 모르지만 사회와 계급에 대한 그의 이해는 여전히 중세인에 머물러 있었다. 압제당하는 계급의 고통보다는 그들의 분노로 흔들리는 사회의 안정이 그에게는 더 중한 일이었다.

그리고 종교개혁 역시 각 개인의 자유로운 신앙 선택으로 귀결되지는 않았다. 앞에서도 살펴본 바와 같이 1555년 아우크스부르크에서 있었던 가톨릭과 개신교의 화의는 "영주의 종교가 그 지역의 종교다"라는 말로 정리되었다. 이 말은 교황과 결탁한 황제에 맞선 봉건 영주의 부분적 승리로 해석된다. 따라서 영주가 선택한 종교가 그 지역의 종교로 인정될 뿐이었다. 이는 루터의 종교개혁이 가진 한계를 명확히 보여준다.

개신교를 뜻하는 프로테스탄트라는 용어는 1529년 슈파이어에서 있었던 제국회의에서 루터의 파문을 결정했던 보름스 칙령이 다시 확증되자 루터를 지지했던 영주들이 제출한 항의문의 제목에서 유래했다. 이 역시 영주와 황제 사이의 논의였지 민중은 처음부터 배제되어 있었다.

루터의 고결한 윤리성은 헤센의 방백 필리프의 이중 결혼을 묵인해 주었다는 점에서 색이 바래기도 했다. 결국 루터는 정치적 이해관계 때문에 원칙을 저버린 사람이 된 셈이기 때문이다. 그의 집요한 유대인 혐오주의는 나치 시절 반유대인 선전용으로도 사용되었다는 점 또한 지울 수 없는 오점이다.

이렇게 보면 역시 시대가 영웅을 만든다. 루터의 자리는 16세기 인쇄업이 꽃피던 라이프치히라는 도시를 옆에 끼고, 바티칸으로 막대한 자금이 흘러가는 것에 진저리를 치던 선제후 프리드리히 3세가 통치하고 있던 비텐베르크가 안성맞춤이었다. 만약 그가 전혀 다른 환경과 시대에 등장했더라면 그저 성질 괴팍하고 상소리를 입에 달고 사는 융통성 없는 보수파 신앙인으로 한평생을 보냈을지도 모른다. 따라서 지금의 우리가 종교개혁의 의미를 되새기기려면 '루터'라는 한 개인에게만 초점을 맞추어서는 곤란하다. 그보다는 그가 어떤 시대, 어떤 문화, 어떤 사람들과 함께하면서 그런 일을 했는지를 반복적으로 되물어야 할 것이다. 결국 인간은 역사의 존재이기 때문이다.

그래도 우리는 저물어 가는 중세의 끝자락에서 올곧게 한목소리로 신의 은총을 기리는 주체적 자아를 외친 루터를 잊어서는 안 된다. 아울러 성서를 읽으면서 찾아낸 진리를 이웃으로 확장하려 했던 그의 투지도 기억해야만 한다. 그는 먼저 알았다고 사람들 위에 군림하지 않았다. 오히려 모두가 사제여야만 한다고 강조하면서 이웃이요 친구로서 자신의 자리를 지켰다. 또한 자신이 깨우친 방식대로 생활 세계의 모든 이들도 신의 은총을 받을 수 있다고 생각했다. 그래서 그들에게 성서를 돌려주었다. 그것도 어려운 라틴어로

루터와 종교개혁의 모토를 담은 스테인드글라스

루터가 힘주어 강조한 오직 믿음, 오직 은총, 오직 성서가 담겨 있다. 이 말은 구원을 위해서는 어떤 매개적 존재가 필요 없으며, 신앙은 오직 신과 그의 앞에 홀로 서려는 인간의 문제임을 압축적으로 선언한 것이다.

적힌 값비싼 성서가 아닌 누구라도 쉽게 배우고 읽을 수 있는, 거기에 값마저 적당한 독일어 성서를! 이 모든 것이 받은 것 그대로 돌려주겠다는 루터의 소명과 그에 부응하는 행동이 없었으면 불가능했을 일이다. 첩첩산중 외로운 성안에서 약 10개월을 버텨 가며 민중의 언어로 성서를 번역해 낸 그의 인내가 없었다면, 아픈 몸을 이끌고도 제자들을 가르치며 새로운 글을 쓰던 그의 열정이 없었다면 시대를 바꾼 이 개혁은 성공하지 못했으리라. 또한 결혼이란 부부의 친밀한 사랑임을 스스로 생활 속에서 입증해 주지 않았더라면, 그리고 누구나 성서를 읽고 신의 은총에 감격할 수 있도록 공교육 설립에 전념하지 않았다면 아마도 근대적 주체의 등장은 그만큼 더 늦어졌을 것이다.

그 점에서 루터는 세상을 바꾼 인물로 충분히 기억될 만한 자격이 있다. 특히 중세의 끝자락에서 신앙의 옷을 입기는 했지만 힘차게 주체적 자아를 불러냈다는 점에서 그는 근세를 맞이한 문지기로서 충분한 자격이 있는 사람이었다.

01 면벌부

'면죄부'라 많이 알려졌지만 '면벌부'라고 하는 것이 옳다. 면벌부는 당시 로마 가톨릭의 대사大赦, Indulgentia 교리에 근거하고 있다. 죄를 짓게 되면 그것에 따른 벌을 받게 되는데 기도, 성지 순례, 성서 읽기 같은 행위를 통해 벌을 탕감받을 수 있었다. 이때 헌금을 냄으로써 벌을 탕감받을 수도 있었는데, 이를 특별히 면벌부라 불렀다. 15세기 이래 주로 독일 지역에서 행해진 무분별한 면벌부 발행은 작은 도시의 대학교수였던 루터를 종교개혁이라는 역사적 소용돌이 속으로 뛰어들게 했다.

면벌부를 판매하는 모습.

에르푸르트대학 시절 라틴어 성서를 처음 접한 루터.

02 성서

루터는 젊은 시절부터 성서를 통해 구원의 길을 찾고자 무진 애를 썼다. 젊은 시절 에르푸르트대학 도서관에서 생전 처음으로 완전한 형태의 성서를 접한 이래 그는 평생 성서를 분석하고 강론하는 작업을 이어 갔다. 이는 그가 남긴 많은 양의 성서 주석 시리즈를 통해서도 확인된다. 루터의 종교개혁은 무엇보다 성서 읽기에서 시작되었다고 할 수 있다. 그것은 주체적 신앙 발견의 촉매 역할을 했다. 루터는 성서가 많은 이들에게 읽히기를 희망했다. 이런 기대와 열정을 바탕으로 그는 쉬운 말로 성서를 번역하는 한편, 모든 이들이 성서를 읽을 수 있도록 남녀를 구분하지 않는 공교육 확산에도 큰 관심을 기울였다. 성서에 대한 그의 믿음은 굳고 단단했다. 그의 '오직 성서'라는 구호는 그리스도교의 구원과 신앙은 성서만으로 충분하다는 믿음에 기초한 것이다. 따라서 루터의 종교개혁 핵심에는 성서 읽기가 자리하고 있다.

03 불안

루터의 불안은 죽음에 대한 두려움과 그것을 부르는 죄의식에서 비롯되었다. 그 배경에는 그의 세대를 휩쓸고 간 페스트라는 전염병이 자리하고 있다. 루터마저도 이 병으로 두 동생을 잃었고, 비텐베르크 시절에도 몇 차례나 이 전염병의 습격을 지켜보아야만 했다. 그러니 그에게 죽음은 먼 이야기가 아니라 일상 속에 늘 존재하는 것이었다. 따라서 그에게는 이 죽음의 불안을 넘어설 수 있는 종교적 구원이 무엇보다 필요했다

죽음의 춤.

04 십자가의 신학

자연 속에서 신의 존재를 인식할 수 있다는 로마 가톨릭의 '영광의 신학'과는 달리 루터는 오로지 신은 십자가라는 구체적인 사건을 통해 자신을 드러낸다고 보았다. 루터의 눈에 로마 가톨릭의 자연신학은 그리스도로부터 신을 떼어 놓는 것처럼 보였다. 루터는 그런 영광의 신학으로는 도리어 신을 제대로 알지 못하며, 십자가의 고난 속에서 그리스도를 통해 신의 '뒷모습'을 본 사람만이 제대로 신학을 하는 이라고 주장했다. 그는 이렇게 말했다. "오직 십자가만이 우리의 신학이다!"

05 칭의

루터는 바울의 '이신득의'를 '칭의'로 풀었다. 인간이 신 앞에서 의롭게 되는 것은 자율적 노력의 결과가 아니라 철저히 신의 은총에 의한 것이라고 본 것이다. 따라서 루터의 의는

십자가에 매달린 예수. 프라 안젤리코의 그림.

수동적 성격이 강하다. 타락과 부패의 경향으로부터 절망한 인간에게 유일한 구원의 빛은 오직 은총sola gratia과 오직 믿음sola fide뿐이다. 이렇게 인간은 자신의 의지나 노력이 아니라 사랑으로 가득한 신의 은총에 의해서만 수동적으로 의롭게 될 수 있다고 루터는 보았다.

06 음악

루터를 이해할 때 음악은 빼놓을 수 없는 핵심 요소다. 그는 자주 음악을 '신의 선물'이라 칭송했고, 또 실제로 음악을 통해 자신의 신앙을 확장해 나갔다. 그가 자신의 신앙적 깨달음을 사람들과 나누기 위해 음악을 도구로 사용했다는 점은 의미심장하다. 음악을 통한 신앙 교육을 시도한 루터 덕분에 교회에서는 비로소 회중 찬양이 시작되었기 때문이다. 음악의 감각적 유혹에 부정적이었던 칼뱅이나 츠빙글리 같은 다른 종교개혁가들과도 루터는 분명히 다른 길을 선택했다.

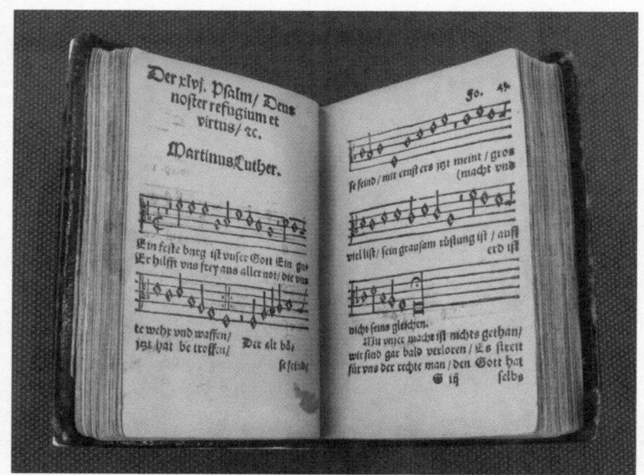

루터가 작사하고 작곡한 〈내 주는 강한 성이요〉의 악보.

07 독일어

루터는 독일어 발전에 지대한 공헌을 했다. 그는 성서를 당시 민중이 쓰고 있던 독일어로 번역해 냄으로써 라틴어 중심으로 이루어진 중세 언어 세계에 큰 변화를 가져왔다. 그는 초지일관 누구라도 쉽게 이해할 수 있는 성서를 민중에게 돌려주고 싶어 했다. 이를 통해 독일어는 구어와 더불어 문어적 가치를 지니게 되었고, 루터는 이를 교육의 영역으로까지 확장했다. 이는 신앙은 성서를 읽음으로써 가능하다는 그의 신앙적 동기에서 출발한 것이다. 이러한 과정에 독일어 활용은 계속 확장되었고, 이는 독일 민족주의 형성에도 지대한 영향을 끼쳤다.

08 탑 체험

루터가 머물던 아우구스티누스수도원에는 첨탑이 있었고, 거기에는 작은 방들이 달려 있었다. 루터 또한 탑의 작은 방에 기거하고 있었고, 그곳에서 기도하며 성서를 탐구하며 살았다. 그 결과 루터는 신이 제시한 공의가 인간을 심판하기 위한 기준이 아니라 도리어 인간을 구원하기 위한 신의 무한한 은총의 표현임을 깨닫게 되었다. 루터는 탑에서 한 이 체험을 통해 종교개혁을 관철할 수 있는 신앙적 깨달음을 얻었다. 그의 탑 체험은 특정한 시기와 일자를 지목할 수는 없지만 아마도 1518년 95개 논제를 제시하기 전후 성서를 연구하는 와중에 일어난 것으로 추정된다.

아우구스티누스수도원의 탑.

1483 아이슬레벤에서 태어나다

11월 10일, 아버지 한스 루더와 어머니 마르가레테 린데만 사이에서 루터가 태어났다. 11월 11일, 성 마르틴의 날에 세례를 받아 '마르틴'이라는 이름을 받았다. 커서는 '사냥꾼'을 뜻하는 아버지의 성 '루더' 대신 '자유인'을 뜻하는 '루터'를 자신의 성으로 삼았다. 그의 부모는 본래 농사를 짓는 사람들이었지만 결혼 후 광산업에 종사하면서 만스펠트로 이주했다. 루터는 유년 시절의 대부분을 만스펠트에서 보내기는 했지만, 아이슬레벤에는 그의 생가와 사가가 함께 있고, 그가 세례를 받은 베드로바울교회와 죽기 전에 마지막으로 설교한 안드레아스교회도 있으니, 루터의 도시라 불릴 만한 자격이 충분하다.

루터 동상이 서 있는 아이슬레벤의 시장광장.

1484 광산업을 하는 아버지를 따라 만스펠트로 이주하여 유년시절을 보내며 학교 교육을 받기 시작했다.

1497 마그데부르크에서 1498년까지 수도사들과 더불어 돔슐레기숙학교에서 경건 공동체 생활을 했다. 1년 뒤 아이제나흐로 가서 라틴어학교인 게오르크학교에 들어갔다.

1501 처음으로 완전한 모습의 성서를 보다

에르푸르트대학에 입학한 루터는 도서관에서 생애 처음으로 완전한 모습의 성서를 보았다. 당시 성서는 사람들이 쉽게 접할 수 있는 것이 아니었다. 책이라고 하는 것 자체도 매우 귀했지만 그중에서도 성서는 노동자들이 10년간 한 푼도 안 쓰고 모아야만 살 수 있는 것이었다. 루터는 신앙의 실체를 만난 것 같은 기쁨에 흥분을 감추지 못했다. 루터의 개혁은 바로 이 '성서 읽기'에서 비롯되었다고 해도 과언이 아니다. 이전까지는 사제들을 통해 부분적으로만 전해 듣다가 누군가에 의해 왜곡되지 않은 있는 그대로의 성서를 직접 읽게 됨으로써 그 스스로 신앙의 원천을 찾을 수 있게 되었기 때문이다.

성서를 연구하는 루터.

1505 슈토테른하임에서 벼락 체험을 했다. 6주 뒤 아우구스티누스수도회에 입회했다.

1507 에르푸르트에 있는 성마리아돔에서 사제 서품을 받고 첫 미사 때 전율을 체험했다. 에르푸르트대학에서 본격적으로 신학을 공부하기 시작했다.

1508 스승이자 수도원장인 요하네스 폰 슈타우피츠의 지시를 따라 비텐베르크대학에서 아리스토텔레스 철학을 강의하기 시작했다.

1510 아우구스티누스수도회의 엄숙주의자 분파를 대표하여 1511년까지 로마를 방문했다.

1512 신학 박사 학위를 받고 슈타우피츠의 뒤를 이어 비텐베르크대학의 교수로 취임했다.

1513 1521년까지 성서의 시편, 로마서, 갈라디아서, 히브리서 등을 강의했다. 성서를 연구하던 이 기간에 이른바 '탑에서의 체험'을 했다. 메디치 가문 출신의 레오 10세가 교황으로 선출되었다

1517 95개 논제를 내걸다

교황 레오 10세는 베드로성당 건축에 매진하면서 여기에 소요되는 막대한 자금을 면벌부 판매로 해결하려고 했다. 이에 독일 지역 면벌부 판매에 대한 전권을 위임받은 알브레히트 폰 브란덴부르크는 홍보책으로 언변이 화려한 요하네스 테첼을 기용했다. 테첼은 자극적인 언사로 사람들을 선동했고, 금기야 돈궤 안에 동전이 떨어지는 순간 영혼이 하늘로 올라간다는 유명한 말까지 남겼다. 이 이야기를 들은 루터는 신앙의 본질과 거리가 먼 무분별한 면벌부 판매에 대해 도전하지 않을 수가 없었다. 이에 95개 논조를 비텐베르크성교회 문에 내걸었다. 루터는 전혀 예상하지 못했지만, 독일을 넘어 유럽 역사를 뒤흔든 개혁의 방아쇠는 이렇게 당겨졌다.

95개 논제.

1518 필리프 멜란히톤이 비텐베르크대학의 교수로 부임했다.

1519 라이프치히에서 신학 교수 요하네스 에크와 논쟁했다. 같은 해 6월 28일에 카를 5세가 신성로마제국의 황제로 선출되었다.

1520 종교개혁 3대 문서를 발간했다. 12월 10일, 루터에 대한 파문 경고를 알리는 교황의 교서를 불태워 버렸다.

바르트부르크성.

1521 바르트부르크성에 유폐되다

신교 세력을 탄압할 목적으로 젊은 황제 카를 5세가 소집한 보름스회의에 소환된 루터는 자신의 생각과 저작을 끝내 굽히지 않았다. 이로써 가톨릭 세계의 공적 이단자가 된 그에게 제국 추방령이 내려졌다. 이때 루터의 신변을 걱정한 선제후 프리드리히 3세가 그를 빼돌려 아이제나흐 인근에 있는 바르트부르크성으로 피신시켰다. 루터는 이곳에서 '융커 외르크'라는 가명으로 1521년 5월 4일부터 이듬해 3월 1일까지 약 10개월을 머물렀다. 성에서 고독한 생활을 하는 가운데 그는 고대 그리스어로 기록된 신약성서를 누구나 쉽게 읽을 수 있도록 자국어로 번역하는 일에 몰두했다. 그의 작업은 중세 사회 전반을 흔들며 새로운 시대를 견인했다.

1522 바르트부르크성에서의 피신 행각을 마치고 비텐베르크로 복귀했다.

1524 농민전쟁 일어나자 루터가 「슈바벤 농민들의 열두 개 조항에 대한 평화적 권고」를 발표했다. 다음 해 프랑켄하우젠 전투에서 농민들이 대패했다.

1525 선제후 프리드리히 3세가 사망하고 그의 동생 요한이 자리를 물려받았다. 수녀였던 카타리나 폰 보라와 결혼했다. 데시데리위스 에라스뮈스의 「자유의지에 대하여」에 반대하는 「노예의지에 대하여」라는 글을 발표했다.

1526 첫 아들 한스가 출생했다.

1527 비텐베르크에 전염병이 발생했다. 딸 엘리자베트가 출생했다.

1528 찬송가 〈내 주는 강한 성이요〉를 작곡하다

루터는 일찍부터 소년합창단원으로 활동하면서 음악에 대한 소양과 감수성을 키웠다. 그는 입버릇처럼 신학을 하지 않았다면 음악을 했을 것이라고 했다. 음악은 무엇보다도 사람의 감정을 누그러뜨려 화합과 평화에 기여한다고 그는 생각했다. 그래서 교회 내 음악 사용을 적극적으로 권장했을 뿐만 아니라, 그 스스로도 많은 찬송가를 써서 쇠락했던 회중 찬송의 부활을 위해 힘썼다. 그리하여 1524년에는 첫 번째 찬송집 『여덟 개의 그리스도교 찬송가』를 펴냈고, 이어 같은 해에 스물여섯 편의 찬송가를 담은 두 번째 찬송집 『에르푸르트 찬송가』를 출간했다. 대표 곡으로 〈내 주는 강한 성이요〉, 〈깊은 곤경 속에서〉 등이 있다.

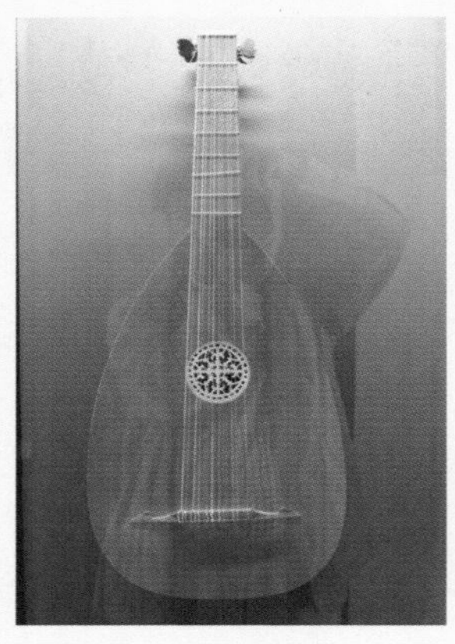

아이제나흐 루터박물관에 보관 중인 르네상스 시대의 6현 류트.

1529 딸 막달레나가 출생했다. 『소교리문답서』, 『대교리문답서』를 저술했다. 제2차 슈파이어 제국의회에서 보름스 칙령 재발효를 의결하자 루터를 지지하는 영주들이 반대했다. 여기에서부터 '프로테스탄트'라는 이름이 생겨났다. 울리히 츠빙글리와 마르부르크성에서 성찬을 주제로 논쟁했지만 합의에 이르지 못했다.

1531 어머니 마르가레타가 사망했다. 아들 마르틴이 출생했다. 독일의 개신교를 지지하는 영주들이 가톨릭에 저항하기 위하여 슈말칼덴동맹을 결성했다.

1533 아들 파울이 출생했다.

1534 구약을 포함한 독일어 완역 성서를 발간했다. 딸 마르가레테가 출생했다.

1535 비텐베르크대학 신학대학장에 취임했다.

1539 『루터 독일어 저술 전집』이 발행되었다.

1542 딸 막달레나가 사망했다.

1545 『루터 라틴어 저술 전집』이 발행되었다.

1546 아이슬레벤에서 눈을 감다

루터는 만스펠트 백작의 법정 싸움을 중재하기 위해 고향을 방문했다가 몸이 급작스럽게 나빠져 2월 18일, 아이슬레벤에서 사망했다. 2월 22일, 비텐베르크성교회에 안장되었다. 루터의 평생 동지였던 필리프 멜란히톤이 "비록 그는 죽었을지라도 살아 있다"라고 했듯이 루터는 지난 1000년 동안 종교뿐만 아니라 모든 영역에서 지대한 영향을 끼쳐 왔다.

비텐베르크성교회에 있는 루터의 무덤.

1552 카타리나가 사망했다.

1555 아우크스부르크 화의를 체결했다. 루터파를 가톨릭과 동등하게 인정했고, 유명한 "영주의 종교가 그 지역의 종교다"를 선포했다.

참고 문헌

루터의 저작

Luther, Martin, *Werke: Kritische Gesamtausgabe*(Weimar, 1883)
(* 이 전집은 다음 사이트에서도 확인할 수 있다. http://www.lutherdansk.dk/WA D.%20Martin%20Luthers%20Werke,%20Weimarer%20Ausgabe%20-%20WA.htm)
루터, 마르틴, 『루터의 탁상담화』, 이길상 옮김, 크리스찬다이제스트, 2005.
__________, 『말틴 루터의 종교개혁 3대 논문』, 지원용 옮김, 컨콜디아사, 2000.
__________, 『마르틴 루터 대교리문답』, 최주훈 옮김, 복있는사람, 2017.
__________, 『독일 기독교 귀족에게 고함』, 원당희 옮김, 세창미디어, 2010.
__________, 『마틴 루터의 독일 신학』, 최대형 옮김, 은성, 2003.

2차 저작

Behringer, Wolfgang, *Hexen: Glaube, Verfolgung, Vermarktung*, C. H. Beck, 2016.
Beutek, Albrecht(Hg.), *Luther Handbuch*, Mohr Siebeck, 2010.
Eichel, Christine. Deutschland, *Lutherland: Warum uns die Reformation bis heute prägt*, Karl Blessing Verlag. 2015.
Hoffmann-Dietrich, Thomas, *Reformation: Die 100 Wichtigsten Daten*, Gütersloher Verl.-Haus, 2002.
Lohse, Bernhard, *Martin Luther: Eine Einführung in sein Leben und sein Werk*, C. H. Beck, 1997.
Moeller, Bertnd, *Geschichet des Christentums in Grundzügen*, Vandenhoeck & Ruprecht. 2000.
Nichols, Stephen J., *Martin Luther: A Guided Tour of His Life and Thought*, P&R Pub, 2002.
Schilling, Heinz, *Martin Luther: rebell in einer Zeit des Umbruchs*, Beck CH Verlag oHG, 2013.
Welker, Michael(Hg.), *Europa reformata: Reformationsstädte Europas und ihre Reformatoren*, Evangelische Verlagsanstalt, 2016.
그립, 한스 요아힘, 『읽기와 지식의 감추어진 역사』, 노선정 옮김, 이른아침, 2006.
김동주, 『기독교로 보는 세계 역사』, 킹덤북스, 2012.
김용주, 『루터, 혼돈의 숲에서 길을 찾다』, 익투스, 2012.
디터리히, 파이트 야코부스, 『누구나 아는 루터, 아무도 모르는 루터』, 이미선 옮김, 홍성사, 2012.
라시네, 오귀스트 라시네, 『중세 유럽의 복장』, 이지은 옮김, 에이케이커뮤니케이션즈, 2015.

레스턴, 제임스, 『루터의 밧모섬』, 서미석 옮김, 이른비, 2016.
르고프, 자크, 『중세와 화폐』, 안수연 옮김, 에코리브르, 2011.
바르트, 한스 마르틴, 『마르틴 루터의 신학』, 정병식 외 옮김, 대한기독교서회, 2015.
박경수 엮음, 『종교개혁, 그 현장을 가다』, 대한기독교서회, 2013.
베르동, 장, 『중세의 밤』, 이병욱 옮김, 이학사, 1999.
_______, 『중세의 쾌락』, 이병욱 옮김, 이학사, 2000.
베인턴, 롤런드, 『마르틴 루터』, 이종태 옮김, 생명의말씀사, 2016.
사사키 아타루, 『잘라라, 기도하는 그 손을』, 송태욱 옮김, 자음과모음, 2012.
서성록 외, 『종교개혁과 미술』, 예경, 2011.
셀더하위스, 헤르만, 『루터, 루터를 말하다』, 신호섭 옮김, 세움북스, 2016.
슈미트, 장클로드, 『유령의 역사』, 주나미 옮김, 오롯, 2015.
스티예르나, 키르시, 『여성과 종교개혁』, 박경수 외 옮김, 대한기독교서회, 2013.
신준형, 『루터와 미켈란젤로』, 사회평론, 2014.
야마모토 요시타카, 『16세기 문화 혁명』, 남윤호 옮김, 동아시아, 2010.
양태자, 『중세의 길거리 문화사』, 이랑, 2015.
_______, 『중세의 뒷골목 사랑』, 이랑, 2012.
_______, 『중세의 뒷골목 풍경』, 이랑, 2011.
_______, 『중세의 잔혹사 마녀사냥』, 이랑, 2015.
에릭슨, 에릭, 『청년 루터』, 최연석 옮김, 크리스천다이제스트, 1997.
에버트, 클라우스, 『토마스 뮌처』, 오희천 옮김, 한국신학연구소, 1994.
엘리아데, 미르치아, 『세계 종교 사상사 3』, 박규태 옮김, 이학사, 2005.
융, 마르틴, 『멜란히톤과 그의 시대』, 이미선 옮김, 홍성사, 2013.
이영림 외, 『근대 유럽의 형성』, 까치, 2011.
이형기, 『종교개혁 신학 사상』, 장로회신학대학출판부, 1991.
장, 조르주, 『문자의 역사』, 이종인 옮김, 시공사, 2011.
장수한, 『종교개혁, 길 위에서 길을 묻다』, 한울, 2016.
주경철, 『마녀』, 생각의힘, 2016.
_______, 『문화로 읽는 세계사』, 까치, 2011.
지원용, 『말틴 루터』, 컨콜디아사, 1987.
최경은, 『독일 인쇄술의 기원과 발전』, 연세대학교대학출판문화원, 2013.
콜린스, 패트릭, 『종교개혁』, 이종인 옮김, 을유문화사, 2013.
크리스텡, 올리비에, 『종교개혁』, 채계병 옮김, 시공사, 1999.
타이어니, 브라이언 외, 『서양 중세사』, 이연규 옮김, 집문당, 2015.
틸리히, 파울, 『그리스도교 사상사』, 송기득 옮김, 대한기독교서회, 2005.
푸코, 미셸, 『성의 역사 1』, 이규현 옮김, 나남, 1990.
핍스, 윌리엄 E, 『예수의 섹슈얼리티』, 신은희 옮김, 이룸, 2006.
하몬드, 피터, 『서양 중세의 음식과 축제』, 홍성표 옮김, 개신, 2003.

헨드릭스, 스콧 H, 『마르틴 루터』, 전경훈 옮김, 뿌리와이파리, 2016.

논문

Kim Dong Joo, 「Medieval Impediments of Marriage and Luther's Reformation」, 『한국기독교신학논총 93』, 한국기독교학회, 2014. 7, 137~151쪽.

김문기, 「사면부의 역사와 루터의 95개 논제에 대한 소고」, 『역사신학논총 2』, 한국복음주의역사신학회, 2000, 24~41쪽.

김미기, 「루터와 종교개혁에 대한 니이체의 이해」, 『니체 연구 2』, 한국니체학회, 1996, 215~246쪽.

김선영, 「루터의 성경 해석 원리들」, 『한국기독교신학논총 94』, 한국기독교학회, 2014. 10, 91~116쪽.

김주한, 「루터 종교개혁의 문화적인 의미」, 『종교와 문화 8』, 서울대학교 종교문제연구소, 2002, 163~182쪽.

김홍기, 「성 어거스틴 은총론이 종교개혁 신학에 미친 영향」, 『신학과 세계 34』, 감리교신학대학교, 1997. 6, 54~124쪽.

문성모, 「마틴 루터의 예배 음악에 대한 신학적 이해」, 『낭만음악』, 낭만음악사, 1996. 9, 57~80쪽.

박준철, 「종교개혁과 섹슈얼리티: 부부의 성에 대한 루터와 부처의 담론을 중심으로」, 『역사학보 197』, 역사학회, 2008. 3, 131~159쪽.

서성록, 「종교개혁의 미술론: 마르틴 루터의 경우」, 『인문과학 연구 3』, 안동대학교 인문과학연구소, 2000, 185~207쪽.

신병준, 「마틴 루터가 근대 인간 교육 사상에 미친 영향」, 『교육의 이론과 실천 9권 2호』, 한독교육학회, 2004, 91~112쪽.

오종현, 「1520년대 초 루터의 예배 정립과 음악 활용」, 『역사학 연구 62』, 호남사학회, 2016, 321~350쪽.

이길용, 「소통으로 본 루터와 수운의 종교 운동」, 『동학학보 45』, 동학학회, 2017, 373~406쪽.

이민지, 「중세 그리스도교 여성 금욕 수행자들의 자기 부정과 지위 획득」, 『종교와 문화 16』, 서울대학교 종교문제연구소, 2009, 105~128쪽.

이상조, 「16~17세기 비텐베르크대학의 신학 교육의 역사적 전개 과정과 교회에 미친 영향 연구」, 『장신논단 44』, 장로회신학대학교 기독교사상과문화연구원, 2012. 12, 111~137쪽.

이정기, 「청년 루터와 정체성 형성」, 『목회와 상담 8』, 한국목회상담학회, 2006, 197~226쪽.

이정주, 「사제 독신제의 법제화에 대한 역사적 고찰과 현대적 의미」, 『신학 전망 169』, 광주가톨릭대학교 신학연구소, 2010, 86~114쪽.

정기락, 「마르틴 루터의 민족교회음악」, 『음악과 민족 6』, 민족음악학회, 1993, 242~262쪽.

정미현, 「에라스뮈스의 여성관」, 『유럽 사회 문화 14』, 연세대학교 유럽사회문화연구소, 2015,

193~221쪽.
정병식,「마틴 루터에 대한 윤리적 비판 재고찰: 농민전쟁을 중심으로」,『성경과 신학 62』, 한국복음주의신학회, 2012, 67~96쪽.
정병식,「면죄부 반박 95개조에 나타난 루터의 신학적 비판」,『한국교회사학회지 35』, 한국교회사학회, 2013, 195~220쪽.
조병하,「마르틴 루터의 '십자가 신학'에 대한 재고」,『성경과 신학 76』, 한국복음주의신학회, 2015, 245~274쪽.
최경은,「종교개혁이 서적 인쇄에 미친 영향」,『독일언어문학 57』, 한국독일언어문학회, 2012, 239~264쪽.
최재호,「고해성사와 종교개혁」,『역사와 경계 63』, 부산경남사학회, 2007. 6, 119~146쪽.
황정하,「유럽의 금속활자 인쇄술: 구텐베르크의 발명」,『인문과학 97』, 연세대학교인문학연구원, 2013, 345~380쪽.

사진 크레디트

2~3, 4, 20, 27, 194 © picture alliance / Getty Images Korea | 8 © Sean Gallup / Getty Images Korea | 14~15 © Craig Stennett / Getty Images Korea | 25 © Schoening / Getty Images Korea 30, 148 © dpa / Getty Images Korea | 34~35 © Janez iz Kastva / Wikimedia Commons | 54~55 © Germany Images David Crossland / Getty Images Korea | 59, 78~79, 141, 171, 180, 243, 248, 249, 254~255 © 이길용 | 68~69 © Eremeev / Wikimedia Commons | 72 © Novarc Images / Hans P. Szyszka / Getty Images Korea | 81 © Sebastian Wallroth / Wikimedia Commons | 83 © Klaus Lang / Getty Images Korea | 103 © Florian Monheim / Getty Images Korea | 107 © Guillem Lopez / Getty Images Korea | 110~111 © Eye Ubiquitous / Getty Images Korea | 118 © PaulT / Wikimedia Commons | 126~127 © Marco Prosch / Getty Images Korea | 138 © Appaloosa / Wikimedia Commons | 155 © LianeM / Getty Images Korea | 157 © W. Bulach / Wikimedia Commons | 208 © Hydro / Wikimedia Commons | 219 © Jivee Blau / Wikimedia Commons | 226 © Jonund / Wikimedia Commons | 233 © ullstein bild / Getty Images Korea | 236 © jorisvo / Shutterstock.com | 242 © Heritage Images / Getty Images Korea

클래식 클라우드 026

루터

1판 1쇄 인쇄 2020년 12월 16일
1판 1쇄 발행 2020년 12월 23일

지은이 이길용
펴낸이 김영곤
펴낸곳 아르테

문학사업본부 이사 신승철
클래식클라우드팀 팀장 이소영
책임편집 임정우 클래식클라우드팀 김슬기 오수미
영업본부 본부장 한충희 영업 김한성 이광호 오서영
제작 이영민 권경민
디자인 박대성 일러스트 최광렬

출판등록 2000년 5월 6일 제406-2003-061호
주소 (10881) 경기도 파주시 회동길 201(문발동)
대표전화 031-955-2100 팩스 031-955-2151

ISBN 978-89-509-9378-8 04000
ISBN 978-89-509-7413-8 (세트)
아르테는 (주)북이십일의 문학·교양 브랜드입니다.

(주)북이십일 경계를 허무는 콘텐츠 리더

네이버오디오클립/팟캐스트 **[클래식 클라우드 – 책보다 여행]**, 유튜브 **[클래식클라우드]**를 검색하세요.
네이버포스트 post.naver.com/classic_cloud
페이스북 www.facebook.com/21classiccloud
인스타그램 www.instagram.com/classic_cloud21
유튜브 youtube.com/c/classiccloud21